VOYAGE A PARIS
EN 1789
DE
MARTIN

Faiseur de bas d'Avignon

Avec Introduction et Notes explicatives

PAR P. CHARPENNE

Prix : 1 fr. 50

AVIGNON

J. ROUMANILLE, Libraire-Éditeur,

rue St-Agricol

1890

*à M. Léon Bardin
souvenir et témoignage
d'amitié
Chapenne*

VOYAGE A PARIS

EN 1789

DE

MARTIN

FAISEUR DE BAS D'AVIGNON

OUVRAGES
DU MÊME AUTEUR

Histoire de la Réforme et des Réformateurs de Genève, suivie de la lettre du Cardinal Sadolet aux Genevois pour les ramener à la religion catholique et de la Réponse de Calvin. Un Vol grand in-8° de près de 700 pages. . . . . 10 fr.

Traité d'Éducation du Cardinal Sadolet, traduit pour la première fois, et précédé de la vie de l'auteur. Un volume in-8°, prix. . 5 fr.

L'Attaque et la Défense de la Philosophie, par le Cardinal Sadolet, première traduction française précédée d'une étude sur cet ouvrage. Un volume format Charpentier, prix . . . . 3 fr. 50

Histoire des Réunions temporaires d'Avignon et du Comtat Venaissin à la France. Deux volumes grand in-8°, prix. . . . . 15 fr

AVIGNON. — IMPRIMERIE H. GUIGOU.

VOYAGE A PARIS
EN 1789
DE
MARTIN

Faiseur de bas d'Avignon

Avec Introduction et Notes explicatives

Par P. CHARPENNE

Prix : 1 fr. 50

AVIGNON
J. ROUMANILLE, Libraire-Éditeur,
rue St-Agricol

1890

INTRODUCTION

Le 7 décembre 1881 l'administration du musée Calvet fit l'acquisition de divers manuscrits qui lui furent présentés par le libraire Durand, d'Avignon. Parmi ces manuscrits, dont la plupart étaient de peu de valeur, il y en avait un formant un tout petit volume in-8°, proprement relié en basane et portant sur la première page, en gros caractères, qui ne sont certainement pas de la main de l'auteur : *Livre de notes relatives aux villes et villages, bourgs et autres lieux sur la route d'Avignon à Paris, frais de voyage et nourriture.* Après avoir transcrit cet intitulé sur le registre des acquisitions et mentionné la date de ce voyage, qui commença le 21 avril 1789, le savant conservateur du musée, M. Deloye, a ajouté : « C'est un livre-journal écrit par un nommé Martin, faiseur de bas à Avignon. On y trouve des détails curieux sur les scènes de la Révolution à Paris. A la fin sont des notes sur les tirages de la loterie. » C'est exactement vrai. Mais Martin ne s'est pas contenté de noter ses combinaisons sur ce jeu de hasard dont profitait le gouvernement français, il a écrit sur son livre-journal tous les numéros sortis des tirages de la loterie, à partir du 13 frimaire an 6 de la République, jusqu'à l'an 13, inclusivement. Comme il reste encore beaucoup de pages blanches, il y a lieu de supposer que l'auteur du manuscrit serait mort l'année suivante, à moins qu'il n'eût cessé, ce qui est difficile à croire, de jouer à la loterie. Les dernières pages du livre, après un assez grand nombre de feuilles blanches, se terminent par un tableau détaillé de diverses fleurs cultivées par Martin en 1801, et par un fragment d'une pièce de vers satiriques sur la vie parisienne en 1789 (1).

Quoique Martin exerçât le modeste métier de « faiseur de bas », ainsi qu'il se qualifie, il ne laissait pas d'être dans l'aisance. Il fréquentait la bourgeoisie et se frottait volontiers à la noblesse, tout en embrassant les idées nouvelles de liberté et d'égalité. Pourquoi fit-il ce long voyage d'Avignon à Paris ? Il ne le dit pas. On peut supposer, en lisant ses notes, qu'il voyageait à la fois pour ses affaires et pour ses plaisirs, car il raconte qu'il a touché à Paris une pension viagère de 300 livres et le montant d'une lettre de change de plus du double de cette somme. Ce qui résulte de la lecture de ses notes, c'est que les affaires sérieuses sont pour lui le moindre de ses soucis, et qu'il cherche à jouir, en dépensant le moins

---

(1) Voir le fragment de cette pièce, très correctement écrit de la main de Martin, à la fin du volume, à la note *a* des Pièces justificatives.

d'argent possible, des plaisirs et des distractions qu'offrait alors aux étrangers la capitale de la France.

Il ne paraît pas que Martin, en 1789, eût encore son père et sa mère ; mais il avait une sœur avec laquelle il était en correspondance. Il était quelque peu lettré, bien que ses notes soient tachées de noms défigurés et de fautes de français et d'orthographe. Il aimait les arts et les cultivait peut-être avec succès. Il était ou se croyait être connaisseur en dessin et en peinture, ce qu'il témoigna en appréciant les tableaux de Bose, de Nîmes, peintre distingué, et les beaux dessins de sa fille âgée de douze ans.

Mais l'art que Martin paraît avoir aimé le plus, c'était la musique. On s'en convaincra en voyant le charmant portrait que son enthousiasme d'artiste trace d'une famille dont tous les membres étaient musiciens. Le récit qu'il fait de son voyage à Versailles est des plus intéressants. On y voit comment il trouve le moyen d'assister à deux séances de l'Assemblée nationale, ainsi qu'au jeu de la Reine. Il fait, en quelques mots, de Marie-Antoinette un portrait plein de vérité.

Lorsque « le faiseur de bas » d'Avignon, raconte les évènements révolutionnaires, tels, par exemple, que la prise de la Bastille, il semble beaucoup trop enclin à regarder comme véritables les faux bruits qui couraient alors dans Paris pour expliquer, atténuer, absoudre même d'atroces assassinats qui souillèrent l'époque la plus mémorable de notre histoire. Par contre, il donne des détails précis sur certains faits fort intéressants, ignorés des historiens de la Révolution, qui les ont passés sous silence. Il nous apprend, par exemple, que le commandant des canonniers de la Bastille, était d'Avignon, et s'appelait Miret ; qu'il eut la tête tranchée ; et qu'on la promena dans Paris au haut d'une pique comme celle du gouverneur de Launey.

Martin ne nous dit pas ce qu'était son ami Reboul, de Villeneuve, qui lui donna si souvent à dîner et à souper, soit seul, soit en compagnie d'autres convives. Mais, en lisant les notes qui le concernent, on peut présumer qu'il était garçon comme lui ; qu'il avait de la fortune et qu'il menait joyeuse vie. C'est Reboul, qui le met en rapport avec des actrices en renom, qui lui fait connaître Lemire, riche bourgeois de Paris, qui entretient l'une d'elles. Martin va passer trois jours à la belle maison de campagne de ce dernier, qu'il appelle « un endroit enchanté ».

« Le faiseur de bas » est économe et rangé. Il note jour par jour toutes ses dépenses, dont aucune n'est exagérée. Enfin, après avoir joui des divers plaisirs de Paris, il en partit le 13 septembre pour revenir à Avignon, où il arriva le 19. Ayant pris la diligence pour s'en retourner il ne resta que six jours en route, c'est à dire, dix jours de moins que par les moyens de transport dont il s'était servi pour se rendre à la capitale.

La publication de ce curieux manuscrit, est de circonstance, pendant qu'on célèbre le centenaire de 89. Les menus détails des dépenses de son auteur seraient sans doute fastidieux à lire, s'il s'agissait du temps présent. Mais ils sont instructifs et intéressants, puisqu'ils nous font connaître avec exactitude les mœurs, les usages et la valeur des choses les plus usuelles chez nos pères, à l'époque de la grande rénovation sociale dont la date est celle de l'émancipation des peuples. Nous avons accompagné le texte de quelques notes explicatives qui nous ont paru nécessaires pour en faciliter l'intelligence à tous les lecteurs.

Avignon, le 19 Octobre 1889.

P. C.

VOYAGE A PARIS

DE

MARTIN

Faiseur de bas, à Avignon, en 1789.

Le 19 avril, M. Anselme, doyen du chapitre de Saint-Pierre, m'a remis 36 livres pour lui acheter 3 sondes chez M. Durand, rue Serpente, maison de M. Jupet, n° 9, en face l'hôtel Serpente, quartier St-Séverin à Paris. — 3 paires de bas de soie pour M. Vinay, 2 livres chocolat pour M. Cappeau l'aîné, 6 louis doublé dans une tabatière, ma bague à diamant dans une tabatière, ma bague cornaline dans l'origuelle. Reçu de M. Ayasse 4 louis. Je prens 46 louis (1).

Le 21 avril 1789, parti d'Avignon à une heure, arrivé à 8 heures à Orange ; soupé, étrennes, 2 livres 7 sous. — 22. Diné à Pierrelate, 1 l. 2 s. ; couché à Montélimar, 2 l. 7 s. — 23. Diné au bourg de Loriol, 1 l. 6 s. — La Drôme paraît magnifique. — Couché à Valence, 2 l. 7 s. — 24. Diné à Tain, 1 l. 6 s. ; couché à St-Vallier, 2 l. 7 s. — 25. Au Péage, dîné, 1 l. 2 s. ; couché à Vienne, 3 l. 7 s. —

(1) Le louis d'or étant alors de 24 francs, Martin prend donc 1104 francs pour son voyage.

26. A St-Simphorien, 9 s. ; couché à la Gullotière (1), à l'*Ange couronné*, 3 l. 3 s. — 27. De Lyon à la douane au faubourg, déjeûné, 12 s. — Forest, Latour, La Brèle. — Couché à la *Poste royale* aux Arnas, 2 l. 13 s. — 28. Montagne-Tarare, 1 h. 3/4, dîné à St-Symphorien, 1 l. 2 s. ; couché à Roanne, 2 l. 7 s. — 29. A la Cracodière, dîné, couché, 3 l. 16 s. — Forte pluie qui nous empêche de voyager. — 30 avril, dîné à La Palisse, 1 l. 2 s. ; 30 avril, soupé, couché à Varenne, 2 l. 2 s.

1er mai samedi, dîné à Moulin en Bourbonnais, 2 l. ; couché à St-Imbert. — Passé à St-Pierre, dîné 14 s. — Dimanche. Passé à Nevers la Loire et le Lez débordés de 13 pieds au dessus de leur niveau ; couché à Pougues, 2 l. 3 s. — 3 mai. Dîné à Pouilly (bu du vin blanc excellent à 20 s. le baril), 1 l. 18 s. — Passé le soir à La Charité, où les glaces ont emporté un des ponts de pierre. Il y a une magnifique fabrique royale de boulons d'acier. — Couché à Scelles, 2 l. 4 s. — 4 mai. Dîné à Briare, petit bourg où le canal de Briare commence, 1 l. 10 s. — Couché à Nogent, 3 l. — 5 mai. Dîné à Montargis ville, 14 s. — Soupé à Nemours ville, 3 l. 3 s. — Pour la malle à Lyon 13 s., plus 5 s., et pour les employés 20 s., en tout 1 l. 18 s. — 6 mai. De Montargis à Fontainebleau, passé la forêt où j'ai

(1) Guillotière.

aperçu 18 cerfs ou biches. — Dîné à Chailly, 15 s. — Passé à Pontivy où les perdrix grises et les lièvres fourmillaient dans les terres et traversaient les chemins. — Couché à Essonne, 3 l. 4 s. — 7 mai jeudi. Parti d'Essonne, dîné à Villejuifs, 1 l. 10 s. (J'ai resté 17 jours en voyage). — Arrivé à la barrière de Paris, faubourg St-Marceau, à 3 heures. — Descendu de voiture à l'hôtel Toulouse, rue Gît-le-Cœur, près le quai de la Volaille, où j'ai payé pour frais de voiture d'Avignon à Paris pour une place dans un carrosse de Lespinasse, 102 l, étrenne au cocher 6 l. ; le tout, en y comprenant 58 l. 11 s. pour les autres dépenses du voyage, 166 l. 11 s.

— Pour un fiacre anglais à l'hôtel *Toulouse*, pour me rendre rue Favart, n° 5. où demeure M. Reboul de Villeneuve, 1 l. 10 s. — Frais pour ma malle, montée à un appartement et de là reportée à la rue Neuve St-Marc, hôtel du *Grand Dauphin*, n° 3, 1 l. 4 s. — Fait collation chez Reboul. — 8 mai vendredi, chez Reboul avec Min. (1) — Abonnement pour s'asseoir au Palais-Royal pour l'année, 3 l. 12 s. — Fait collation chez Reboul. — 9 mai samedi, 2 tasses de café au lait dont une pour Jean, voiturier, pain au lait 14 s. — Au domestique de M. Graille, rue Gît-le-Cœur, hôtel *Toulouze*, étrenne pour m'avoir verni mon parasol, que j'avais oublié le 7 en arri-

(1) Minote.

vant. — Un peigne acheté au Palais-Royal, 12 s. — Dimanche 10 mai, vu M. l'abbé Froment, curé de St-Jean, l'église de Paris (1) qui m'a invité à dîner chez lui jeudi prochain avec Giraud et Gauger qui m'y avaient accompagné (2). — A 5 heures mangé un morceau chez mon hôte. Ecrit à ma sœur. (Le 9, jour très chaud et très beau.)

— 11 mai lundi déjeuné avec Louis et sa femme hôtel Barbentane. — Dîné et soupé chez Reboul de Villeneuve. — 12 mai mardi, déjeuné diné chez le comte de Barbantane. — A 5 heures, être allé à Vincennes avec Reboul. — Soupé.... — 13 mai mercredi, déjeuné avec de la limonade 8 s, — Acheté un habit et un gilet, doublure et fraîche et précieuse, 22 l. 11 s., en tout 58 l. — 14 mai jeudi, pluie — Déjeuné chez Vinay ; fait visite à M. Franque (3) rue Guénégaud, qui est très poli, de même que sa cousine. — Traversé le jeu de paume de Masson, — Allé voir Giraud et Gauger, rue de Seine, hôtel *Dauphin*. — Dîné tous trois chez M· Froment, curé de l'église de Paris, qui a bien fait les honneurs. — Bu à la santé de

(1) Cet abbé Froment était très probablement d'Avignon,

(2) Ils étaient tous les deux compatriotes de Martin.

(3) C'était le nom d'un architecte distingué d'Avignon· Le Franque de Paris était sans doute son fils ainé François Franque, architecte du Roi, et membre de l'Académie royale d'architecture (Voir le Dictionnaire biographique de Barjavel.

Mlle Amélie (1) — A 7 heures du soir, sorti et allé chez M. de Sauneu, maison de M. Lecointe, près de la grille du Palais (2) pour retirer une lettre de change de 720 l. — Fait collation chez Reboul. — Le 15 mai vendredi (pluie). Déjeûné chez M. l'abbé Cappeau aîné, à la communauté des prêtres St-Paul. (3) — Suivre la rue des Agouts, rue St-Louis, rue des 12 Portes. — Dîné chez M. de Renaud. — Rentré à 6 heures dans la rue St Louis, rue de Boucherat, rue de Charlot ou du Temple, Boulevard. — Soupé chez Reboul, rue Favart, n° 5. — 16 mai samedi — Déjeuné chez Giraud. — Dîné chez M. de Tulle, (4), hôtel *Rouen*, rue Augerviliers. Joué au tric-trac. Perdu 9 s. — 17 mai dimanche. Pour façon, doublure et autres fournitures pour mon habit de   et gilet.... 22 l. 17 s. — Suite du 17 mai dimanche. — Dîné chez M. Franque. — Allé aux Tuileries, au Palais-Royal.. — Conversation avec M. Beraud de Favart

— 18 mai lundi. Déjeuné au café de Foix, 1 l. 7 s. — Dîné chez Giraud avec le chevalier de Baroncelli (5) Gauger. — Le soir, aux Tuileries, bière et glaces ; à la nuit, au Palais-

(1) On peut présumer que c'était la nièce du curé.
(2) Il s'agit sans doute du Palais-Royal.
(3) Cet abbé Cappeau était le compatriote de Martin qui lui avait apporté d'Avignon deux livres de chocolat
(4) La famille des Tulle de Villefranche était d'Avignon.
(5) Les Baroncelli étaient venus d'Italie, au XVe siècle s'établir à Avignon. (Voir le *Dictionnaire biographique* de Barjavel.

Royal. — Soupé chez Reboul. — 19 mai mardi. Dîné rue des Augustins, à l'*Etoile*, 2 l. 2 s. — 20 mai mercredi. M. Durand, rue Serpente, n° 9, a reçu 35 l. pour sept sondes élastiques et 8 s. pour une boîte. Il est obligé de les faire parvenir à Avignon, à M. Anselme, doyen de St-Pierre, par la diligence de Paris à Avignon. — Dîné chez Reboul et Minote. Soupé chez le même. — Pour faire repasser mon chapeau pour ôter la tache d'huile, 1 l. 4 s.

— 22 mai vendredi. Dîné chez Reboul avec Justamont, Mlle Solange, danseuse aux Italiens, âgée de 12 ans, et avec sa mère. De là aux Variétés où on a donné *le Dragon de Thionville, le Bourru bienfaisant* et *les Intrigants*. Tout a été bien représenté. — Soupé chez Reboul.

— 23 mai samedi. Dîné avec Reboul, Minote et Alexis. — A cinq heures au Ranelach avec MM. Canne, Colo et Siau de Marseille. C'est un abonnement pour 18 bals à 72 l. le samedi de chaque semaine jusqu'en octobre, avec 6 billets chaque bal par abonnement. Il est censé qu'on n'abonnera que les dames ; c'est sous leur nom pour éviter que les grisettes ne s'y introduisent; mais les hommes payent. — Pour la voiture, 1 l. 10 s. — 9 pommes, 12 s. — Tablettes, 4 s. — Tabatière d'écaille noire, 5 l. — Pain, 2 l. 8 s. — Le perruquier a commencé le 21 mai, jour de l'Ascension, à 6 l. par mois, 9 à mon compte.

24 mai, dimanche. Dîné soupé chez Reboul.
— 25 mai lundi. Dîné chez Reboul. Le soir au jardin de M. de Marbeuf avec Payen, (1) jardin naturel, où il y a une quantité étonnante de différents arbres, surtout le cèdre du Liban, 15 pouces de diamètre sur trente pieds de hauteur avec ses branches latérales de 12 pieds, de manière que leur diamètre est de 20 à 25 pieds. C'est le plus beau qui existe en France. Il y en a deux dans le jardin. Il y a aussi le tulipier, qui a 11 à 12 pieds de diamètre. — Fait collation chez Reboul. — Le jardin est dans l'intérieur de Paris auprès des Champs-Élysées, près la pompe à feu de Perrier. Il est le plus grand et le plus beau de Paris et celui qui contient la plus grande diversité d'arbres. Les allées serpentent sans cesse et laissent par ce moyen, désirer. Il y a une espèce de labyrinte. Il y a des pavillons, des grottes, des points de vue superbes. Le terrein est toujours légèrement montueux. Tout y paraît dans la nature. Les arbres, arbustes, arbres à fruits et fleurs ne laissent rien à désirer. Il y a jardin d'hiver en serre chaude vitrée avec un poèle, où l'on trouve des ananas, des cannes à sucre et autres plantes étrangères.

26 mai mardi. Dîné chez Reboul. — M. Payen m'a donné une place dans la loge de M. de Marbeuf aux *Italiens* avec M. et Madame de Mestre et Gauger. On a donné le *Sor-*

(1) On peut présumer que Payen était d'Avignon et Intendant de M. Marbeuf.

cier et *Nina*. Madame du Gazon a fait *Nina* et a rempli ce rôle avec le talent et le naturel qui constituent une excellente actrice. Cette pièce a été composée pour elle. — Soupé chez Reboul. — Écrit à M. Anselme, doyen de St-Pierre.

— 28 mai jeudi. 4 aunes Silésie à 5 l., 3/4 étoffe de soie pour un gilet, doublure du gilet, derrière de l'habit, manches, garniture, boutons, étrenne... 28 l. 16 s. — Ecrit à Cairanne fils. — Dîner avec Reboul chez M. Raby du Moreau. Joué au billard dans son hôtel.

— 29 mai vendredi. Soupé chez Reboul, compère de Mlle Manette. — Régalé au bel air aux Champs-Elysées (19 personnes) d'une matelotte qui fut trouvée excellente. Il y avait Mlle Talon de chez Audinot (1), excellente actrice pour les rôles de vieilles et remplie d'esprit ; Mme Simonet, ses trois filles, savoir : Mlle Manette de Lemire (2), Mlle Nenée et Mlle Solange, première danseuse des Italiens ; Reboul, Giraud, Lemire, Niel, Laboulaye, Justamont David Serena d'Aquavia, nommé le Président ; Simonet l'oncle ; son neveu, bon violon, et un joli enfant de six ans ; le maître de ballet des Italiens et Désandré. Le repas coûta 5 louis à Reboul (3). Soupé chez lui.

(1) Audinot était, croyons-nous, directeur du théâtre de l'Ambigu.
(2) Lemire était un riche bourgeois de Paris.
(3) Le louis étant de 24 fr., ce fut un peu plus de 6 fr. par tête.

— 30 mai samedi. Dîné chez Vinay avec Giraud, Aubert, Vernety cadet, M. et Mme Duval, Mas et un autre commis. Soupé chez Reboul. — A cinq heures du soir nous fûmes au Jardin du Roi (1) avec Giraud. Nous vîmes le cabinet de physique ; le cabinet d'histoire naturelle n'est ouvert que le mardi et le samedi. De là au marché aux chevaux, où nous trouvâmes Aubert et Vernety cadet. Nous retournâmes par la porte St-Bernard et les quais au Palais royal avec la pluie.

— 31 mai dimanche. Dîné et soupé chez Reboul. A cinq heures nous sommes partis du Palais royal pour faire une visite à Mme Turc, rue St-Denis. De là allés promener jusqu'au faubourg St-Antoine. Retournés par le boulevard jusqu'au jardin de M. le duc de Montmorency, où nous sommes entrés par le boulevard, traversé le jardin d'hiver ou serre chaude, l'hôtel, et allé au Palais royal. — Jusqu'à 10 heures pluie. — Payé à Aubert du café, 12 s. — Reçu une lettre de ma sœur, 12 sous.

— 2 juin mardi. Dîné chez M. Raby de Moreau, beau-père de M. de Choiseul-Gouffier. Fait trois poules au billard. Promené sur le boulevard jusqu'à la porte St-Denis. Rentré à 8 heures chez Reboul, qui s'était purgé. Soupé chez lui.

— 3 juin mercredi. Une tasse de café sans

(1) On appelait ainsi le Jardin des Plantes.

sucre pour la pituite, 6 s. ; 1 pot de vin, 15 s. ; 1 pain, 3 s. ; une tasse de café à la crême avec 2 pains, 8 s. — Dîné chez Reboul. — Couru Paris, rendu le soir au Palais royal. — Bu deux orgeats dont un pour Reboul, 16 s. — Soupé chez Reboul.

— 4 juin jeudi. Le Dauphin est mort à Meudon à une heure du matin. On fit cesser les spectacles, qui avaient commencé à 6 heures du soir ; on rendit l'argent. — Dîné chez Reboul, soupé de même.

— 5 juin vendredi. Dîné et soupé chez Reboul.

— 6 juin samedi. Dîné dans mon appartement. Pain, 7 s. ; vin, 15 s. ; tourte à la confiture, 1 l. 4 s. ; bœuf à la braise, 10 s. ; une bouteille d'huile chimique.

— 7 juin dimanche. Parti à 8 heures du matin en fiacre. Pris Mme Simonet, Mlles Manette et Solange, rue Meslée, n° 82. Allée de là au bureau des voitures au-dessus des Français, près le faubourg St-Marceau, 1 l. 10 s. — Parti du bureau avec les susdites pour Viry, à 5 lieues et demie, maison de campagne de M. Lemire, où ledit arriva avec Reboul à 3 heures et demie. Dîné et soupé dans cet endroit enchanté.

— 8 lundi. Séjour à la campagne.
— 9 mardi. *Idem.*
— 10 mercredi. Parti de Viry à 6 heures du soir avec Reboul, Mme Simonet et Solange

dans une berline. Arrivé à Paris à 8 heures et demie. Soupé chez Reboul. M. Lemire partit en même temps en cabriolet avec Manette.

Les eaux de Viry sont aussi légères, limpides et apéritives qu'on peut le désirer. Il y a deux jets d'eau, dont un s'élève avec force. Nous buvions quelques gobelets d'eau le matin à jeun pour la santé. Il y a un bassin ovale et un canal en maçonnerie où il y a des poissons qui pèsent plus d'une livre. Le courant d'eau serpente dans les jardins qui sont en terrasses. Il y a des allées couvertes de tilleuls, des carrés où l'on trouve en *hortolailles* (1) tout ce que la saison peut produire ; des fleurs en bordure de tous les carrés ; des fleurs même en carrés et en compartiments ; des fruits en abondance ; la melonnière avec des cloches ; la serre pour conserver les fruits, les hortolailles et les vases de fleurs, et une terrasse à plain-pied, une salle de compagnie qui attient à la salle à manger et huit lits de maître, chacun dans sa pièce. Il y a des cabinets à quatre pièces. C'est un endroit enchanté.

— 11 jeudi, Fête-Dieu. Dîné et soupé chez Reboul.

— 12 juin vendredi. Dîné chez M. de Tulle avec le chevalier de Baroncelli et Gauger. Soupé chez Reboul.

(1) *Hortolaille*, mot provençal tiré du latin *hortus*, jardin, signifie toute sorte d'herbes potagères et légumes qu'on cultive dans les jardins potagers.

— 13 samedi. Dîné chez M. de Raby avec Reboul. Joué au billard à la poule. Soupé chez Reboul. — Acheté un gilet noir de drap de soie avec franges, 12 l. — Fait la charité à une femme auteur, nommée Mme Pleinvent ou Mesyeux, rue Ste-Anne, n° 6, 6 l. 7 s.

— 14 dimanche. Dîné chez Reboul. Vu la revue d'un régiment de 2 bataillons Suisse au Champ-de-Mars devant l'École royale militaire, faite, cette revue, par M. le comte d'Artois, depuis 5 heures 1|2 jusqu'à 7 1|2, avec MM. Cavenet, Colo et Siau. La voiture a coûté 2 l. 5 s. De là au Vauxal, 1 l. 16 s.

— 15 juin lundi. Dîné et soupé chez Reboul.

— 16 juin mardi. Une caraffe orgeat, 7 s. — Dîné chez Mme Simonet avec Reboul et Lemire, Mlles Nenée, Manette et Solange. Allé aux Variétés, 3 l. — Soupé chez Reboul au n° 2 rue Favart.

— 17 juin mercredi. Dîné chez Mme de Renaud. Fait la partie de reversi au quai d'Orléans, n° 12, chez un procureur. Soupé chez Reboul.

— 18 juin jeudi. Dîné à l'hôtel de *Fleury*, rue Ste-Anne, avec Billon et Gilles. Bu le café et soupé chez Reboul.

— 19 juin vendredi. Dîné chez Reboul. Le soir à l'Opéra où Vestris et Guidel ont dansé. On a donné *Arianne* et *les Prétendus*, 2 l. 8 s. — Soupé chez Reboul.

— 20 juin samedi. Dîné et soupé chez Reboul. Ce fut ce jour que les communes, ne pouvant entrer dans la salle des Etats-Généraux à Versailles, *ils* furent s'assembler au Jeu de Paume. On fit annoncer une séance royale pour le lendemain, et qu'il était nécessaire de travailler dans la salle pour élever le trône et les gradins. — Je fus payé ce jour-là de 300 l. quarante de ma pension viagère par MM. Lazcout, oncle et neveu, rue Neuve St-Augustin, n· 26, à qui j'ai concédé double quittance pour n'en faire usage que d'une. — Payé le perruquier, 6 l.

— 21 juin dimanche à midi. Le secrétaire de l'ambassadeur de Vienne dit, au café du Caveau, que ce qui composait les communes n'était que la canaille; qu'*ils* avaient à leur tête 4 ou 5 fous qu'on mettrait à la raison lundi à la séance royale. A peine avait-il prononcé cette bêtise, qu'il fut chassé à coups de pied. Il s'empressa de sortir du Palais royal. Les crocheteurs le poursuivirent; il eut le bonheur de se jeter dans le corps de garde du Trésor, qui lui servit de sauvegarde. A six heures du soir il y eut des coups de poing donnés au Palais royal, au sujet de M. Necker. Un des combattants disait qu'il était bon ministre et qu'il sauverait la France; l'autre soutenait le contraire.

— Dîné avec Gilles, Giraud, Gauger, Billon et Dervieux à l'hôtel *d'Aga*, où l'on donne 4 plats et le dessert, pain et 1|2 bouteille pour 36 sols, 8 s. d'étrenne, 2 l. 4 s.

— 22 juin lundi. Acheté une tabatière cuir anglais, représentant un soulier, 2 l.

— 22 juin lundi. Dîné avec Giraud, Billon et Gauger chez un restaurateur près du Louvre, 3 l. 3 s. — On sut le soir que M. Necker avait terrassé les ennemis de l'Etat. Il avait offert dimanche au soir et lundi matin sa démission au Roi, qui ne voulut pas l'accepter. Il lui dit : « Sire, j'ose croire que *Sa* Majesté en cela suivra les conseils que mon zèle pour le bien de l'Etat m'inspire. » Le Roi le lui promit. La noblesse et les courtisans avaient travaillé pour empêcher la réunion du clergé. Elle s'opéra hier. Il y eut 180 curés et 5 évêques. Ceux de Vienne, Bordeaux, Castres, Nîmes et Nancy. La noblesse du Dauphiné s'est réunie. Les communes s'assemblèrent dans l'église St-Louis, n'ayant pu s'assembler dans la salle du Jeu de Paume ni aux Récolets. — Le prince de Poix se battit avec M. de Lambesc. Le dernier reçut un grand coup d'épée. — La séance royale renvoyée à mardi 23, à 9 heures.

— 23 juin mardi. J'ai payé le mois du perruquier, garçon compris, le 21 juin, 6 l. — J'ai prêté à M. Privat, caporal des gardes françaises dans la compagnie de M. le marquis de St-Blancard, 12 l. Il m'en a fait un billet du 21 juin. — Dîné chez Minote avec Reboul et deux dames. Soupé chez Reboul.

— 24 juin mercredi. Dîné à l'hôtel de

Fleury avec Billon, 1 l. 18 s. Soupé chez Reboul.

— 25 juin jeudi. Dîné avec Giraud et Gauger chez un traiteur, 4 plats, pain et dessert, 1 l. 18 s.; café, 6 s. — Il y a eu la réunion de la minorité de la noblesse aux 47 députés, M. le duc d'Orléans étant à leur tête. — Clermont-Tonnerre, président de la noblesse. Il n'est âgé que de 26 ans. — Soupé chez Reboul. Acheté une paire de boucles plaquées, 15 livres.

— 26 juin vendredi. Soupé chez Reboul. — Illumination et pétards au Palais royal de même qu'hier. Acheté un jonc de 42 pouces bien effilé à M. Gilles, 18 l. 12 s.

— 27 juin samedi, our 26 mouchoirs à 6 deniers, 12 paires chaussons, à 1 s. chacun; calçon, à 1 s. (1).

— Dîné chez Reboul. Une tasse de café chez Corazza, 6 s. Une canne de 40 pouces dont j'ai fait présent à Reboul, 12 l. Soupé chez lui. A 4 heures de ce jour la réunion de la majorité de la noblesse et de la minorité du clergé s'est effectuée à Versailles. Acclamation d'un peuple immense qui a demandé qu'on ouvrit les grilles du château. Il s'y est répandu, de même que dans la galerie. Le Roi s'est présenté à son balcon. Tout le monde a crié avec plaisir et avec démonstration d'une

(1) Martin a omis d'écrire que c'est pour le blanchissage de ces objets.

joie parfaite : *Vive le Roi ! Vive M. Necker !* Le Roi en a pleuré de joie.

— 28 juin dimanche. Dîné avec Giraud chez M. Franque. — Une bougie, 6 s. — Soupé chez Reboul.

— 29 juin lundi. Dîné et soupé chez Reboul. Écrit à M. Isopy.

— 30 juin mardi. Dîné et soupé chez Reboul.

— 1er juillet mercredi. 1|2 livre de dragées, 1|2 livre pralines, 1 l. 10 s. — Dîné chez Reboul avec Minote et Alexis. Allé à Passy pour voir Alexandre qui avait la petite vérole chez sa nourrice (1).

— 2 juillet jeudi. Dîné avec Giraud, Gilles, Vinay et Billon, hôtel *Fleury*, rue Ste-Anne, 1 l. 16 s. Allé à la promenade au boulevard du Temple. Peloté avec Gauger au jeu de paume de M. le comte d'Artois sur le boulevard 1|2 heure. Payé pour Gauger, 16 s. — Soupé chez Reboul.

— 3 juillet vendredi. Dîné avec Billon chez *Fleury*, 1 l. 16 s.

— 4 juillet samedi. Dîné avec Gilles et Billon rue St-Honoré, contre le magasin anglais de Sickle, 1 l. 17 s. Acheté une brosse pour les dents, 6 s. Acheté un domino, 1 l. Allé aux Français avec Gilles et Pical. On a

---

(1) Les pralines et les dragées que Martin avait achetées étaient probablement destinées pour le petit Alexandre, dont Reboul nous semble être le parrain. Ce serait donc pour célébrer le baptême de cet enfant qu'il avait donné à dîner, comme on l'a vu, à 19 personnes.

donné *Hamlet* et *l'Oracle*, 2 l. 8 s. Pour un parapluie, 3 s. (2).

— 5 juillet dimanche. Dîné chez *Fleury*. Soupé chez Reboul. — Au même à C..., locataire au 1er étage, 6 l.

— 6 juillet lundi. Acheté une chaîne or de Manen à échelles avec 3 breloques, 7 l. Dîné chez *Fleury* avec du café, 1 l. 18 s. Fais laver 3 paires de bas noirs, 15 s. Soupé chez Reboul.

— 7 juillet mardi. Payé à M. Thibaud le 6 juillet pour le loyer d'un mois d'une chambre au 3e, occupée depuis le 7 mai, rue Neuve St-Marc, île 3, 18 l., et pour nourriture, 2 l. — Payé le 7 juillet à M. Thibaud pour le loyer de ma chambre du 7 juin au 7 juillet, 18 l. — Dîné chez Minote avec Reboul et Alexis. De là à 5 heures, chez Mme Simonet, où nous avons trouvé Manette et Solange. M. Lemire s'y est rendu à 5 heures et demie. Nous sommes allés chez Audinot de l'Ambigu comique, à la représentation de *Gugu*, des *Malentendus* et du *Prince blanc et noir*. Les décorations sont charmantes. Je dois la comédie à Lemire.

— 8 juillet mercredi. Dîné chez *Fleury*, 1 l. 12 s. Soupé chez Reboul. Acheté 2 pains, 8 sous.

— 9 juillet jeudi. Dîné chez *Fleury* avec

(2) Pour la location et non pour l'achat d'un parapluie, sans doute.

Gilles et Billon, 1 l. 12 s. Allé aux Variétés avec Gilles, 1 l. 10 s. Soupé chez Reboul.

— 10 juillet vendredi. Dîné chez *Fleury* avec Gilles, Giraud et Roset, 1 l. 12 s. Pris le café et Gilles a payé. Bu de la bière au Pont tournant avec Roset, 16 s.

— 11 juillet samedi. Dîné avec M. Batin, hôtel de Dannemarck, 1 l. 12 s. Acheté un étui où sont 2 rasoirs, 4 l.

— 12 juillet dimanche. M. Necker est parti dans la nuit du 11 au 12 juillet, à 11 heures du soir. Dîné chez M. Franque. Soupé chez Reboul. Un hussard à cheval aux Champs-Elysées, y tira un coup de pistolet, tira son sabre et s'enfuit au grand galop sur le boulevard. Poursuivi, il fut tué par un soldat du guet. — Le 12, à 6 heures, le prince de Lambesc fendit la tête à un vieillard sur le Pont-Tournant. — Les dragons attaquèrent le peuple de même que les soldats du régiment Royal-Allemand (1).

— 13 juillet lundi. Dîné chez Reboul. Allé au Salon. Joué au billard avec M. Colot de Marseille, 1 l. 2 s. Acheté une cocarde verte et blanche, 12 s. Pris une bavaroise et un pain, 7 s.

— 14 juillet mardi. Ecrit à M. Isopy. Dîné avec Reboul chez Minote. — 8 heures 1|2, pris une limonade et un petit pain, 7 s. Acheté une cocarde rouge, blanche et bleue (2).

(1) Voir la note *b* aux Pièces justificatives.
(2) La cocarde qui devait être portée était rouge et bleue. On peut croire que Martin en achète une trico-

Le mardi 14 juillet la milice bourgeoise, avec des gardes françaises, dragons et autres soldats, ont attaqué la Bastille, demandant à M. de *Lonoy* (1), gouverneur de la Bastille, des balles et de poudre. M. de *Lonoy* a fait baisser le pont-levis et a invité plusieurs personnes d'entrer pour en prendre. Il est entré 40 ou 50 personnes. Il a fait tirer le pont-levis et a fait tirer sur ces 50 personnes qui ont été tuées, et a fait faire feu de la mousqueterie et des canons sur le peuple et sur la milice. Sa trahison a déterminé la milice bourgeoise d'attaquer la Bastille. On y a conduit du canon et on l'a battue en brèche, ce qui a bientôt été fait. Un garde-française et un dragon sont montés les premiers sur la brèche, le sabre aux dents. Ils ont été suivis par la milice bourgeoise qui a fait main-basse sur tout ce qui s'est présenté d'ennemis. On a saisi M. de *Lonoy*, gouverneur de la Bastille ; c'est un garde française qui l'a saisi ; on l'a conduit à la maison de ville, qui est à la place de Grève, où il a eu la tête tranchée, tête qu'on a promenée au Palais royal, à 7 heures du soir, au bout d'une fourche et par tout Paris. Dans le jour, on s'est armé aux Invalides de fusils et de poudre ; on en a retiré les canons.

lore parce que les couleurs rouge, blanche et bleue étaient celles de la ville d'Avignon.

(2) M. de Launay, qui avait succédé à son père comme gouverneur de la Bastille en 1777.

Il y avait encore une autre tête au bout d'une autre lance, à 7 heures, au Palais royal. C'est celle de M. Miré. M. de Lonoy, saisi à la Bastille, fut conduit à l'hôtel de ville et confronté avec M. de *Fléchelle* (1). Convaincus, ils demandèrent grâce, on leur présenta leurs lettres et on leur dit : « Avec de telles lettres que vous voyez, où votre trahison est entièrement dévoilée, osez-vous demander grâce ? Allez subir le sort qui est le partage des traîtres. »

On les descendit. M. de *Flechelle* reçut un coup de pistolet sur les marches de l'escalier. Il fut foulé aux pieds et jeté dans la Seine. M. de *Lonoy*, gouverneur de la Bastille, suivi de M. *Miret* (2) d'Avignon, commandant des canonniers, et furent en place de Grève. On leur trancha la tête à tous les deux, à deux autres encore, dont l'un était fermier général, directeur des poudres et salpêtres. On mit la tête de M. de Lonoy au bout d'une perche et celle de M. Miret au bout

(1) M. de Flesselles, prévôt des marchands.

(2) Martin écrit tantôt *Miré*, tantôt *Miret* avec un *t*. On ne connaît à Avignon personne qui porte ce nom-là ; mais il y a des Viret, et le commandant des canonniers invalides de la Bastille pourrait être un de leurs ancêtres, si l'on admet que Martin a écrit Miret au lieu de Viret.
Quant à M. Biret, l'habile et savant serrurier qui a fait la belle porte du Musée, son grand-père était de Nantes et vint s'établir à Avignon, où il exerçait son état de serrurier à l'époque du voyage de Martin.

d'une lance, et on les promena au Palais royal à 7 heures, et de là dans Paris.

— 15 juillet mercredi. Acheté une livre poudre, 12 s.; un bouquet des poissardes, 16 s.; une bavaroise et un petit pain, 7 s. — On promena en cabriolet le garde qui avait saisi M. de *Lonoy*. Il avait une couronne, la croix de St-Louis et le cordon bleu de M. de *Fléchelle*.

— 16 juillet jeudi. Dîné chez *Fleury*, 1 l. 12 s. — On a arrêté un espion, plus une femme qui se disait enceinte, et qui, au lieu d'enfant, avait un paquet de lettres... On a arrêté sur les 3 heures le courrier de la R. (1) avec beaucoup de lettres. Tout a été conduit à l'hôtel de ville. On a saisi M. l'abbé Cordier de St-Eustache, croyant saisir l'abbé Roy. On lui disait qu'on allait le pendre. Il a demandé d'être conduit à l'hôtel de ville, où il a été reconnu par M. de Lafayette, général de la milice bourgeoise, et il a été renvoyé chez lui. — On a saisi M. Labarte, fameux banqueroutier de Bordeaux, celui qui avait fait des fausses lettres de change sur M. Tourteau, banquier à Paris. Il aurait offert hier 500 mille livres comptant aux électeurs de Paris pour fournir à la nourriture et à la paye de la milice bourgeoise. Il pérorait le 16 sur une table au Palais royal devant le café du Caveau. On

---

(1) La Reine Marie-Antoinette.

l'a fait descendre et on l'a conduit à l'hôtel de ville, où il a été interrogé. On l'a mis au secret ; il demandait d'être le général de la milice bourgeoise.

— 16 juillet jeudi, sur les cinq ou six heures du soir, il arriva 40 voitures de Versailles, avec 4 députés dans chacune, envoyés à Paris par l'Assemblée nationale pour annoncer (1) de la part du Roi. C'est M. de Lafayette qui porta la parole à l'hôtel de ville et dit « que le Roi avait reconnu qu'on l'avait trompé ; qu'il voulait dorénavant ne se laisser conduire que par les conseils de l'Assemblée nationale ; qu'ils venaient annoncer la paix, et que l'Assemblée nationale allait s'occuper sans relâche de la constitution et du bonheur de la nation ; que le Roi viendrait jeudi à Paris sur les 11 heures. »

MM. les électeurs de Paris, assemblés à l'hôtel de ville, députèrent trois hommes à cheval au Palais royal, qui dirent que MM. les députés avaient annoncé la paix, l'arrivée du Roi pour jeudi ; mais ils nous recommandèrent de ne pas nous désarmer. L'allégresse fut générale.

Le 14 juillet mardi, on s'empara de l'Ecole royale militaire, des Invalides où l'on trouva 50 mille fusils, de la poudre, des balles et autres munitions, et de la Bastille qu'on a résolu de démolir, et qu'on démolit en effet.

(1) *La paix*, mots omis par Martin dans son manuscrit.

M. Leroux fut le mardi chez M. Clément, ouvrier en canons et amateur de fleurs. Il se servit du prétexte de fleurs pour s'assurer s'il y avait des canons. Il entre comme curieux de fleurs ; M. Clément lui fait voir son jardin. Il admire tout, lui demande si le local lui appartient. Il répond qu'il est à la ville, et que c'était une fonderie. Leroux demande à le parcourir ; on s'empresse de le satisfaire. Il voit dans une pièce 20 affuts de canon démontés. Il demande s'il y a des canons faits pour les affuts ; on répond que oui, mais qu'on a reçu ordre de les démonter et de les mettre dans la cave ; qu'ils n'y sont pas encore, mais dans une pièce voisine ; on les lui fait voir. Il est satisfait, il a vu ce qu'il désirait. Il prend congé et arrive à son district de St-Eustache. Il l'assemble et dit qu'il vient de voir 20 pièces de canon dans l'atelier ; qu'il est du sentiment de s'en emparer. On est du même avis ; on nomme des députés du district pour aller à la maison de ville demander la permission aux électeurs. La députation part. Leroux, un quart d'heure après, demande des gens de bonne volonté. Il prend avec lui 150 hommes du district. Il part et arrive chez M. Clément et lui dit qu'il vient, au nom de la nation, lui demander les 20 pièces de canon qu'il a chez lui. M. Clément obéit, et dans trois heures les 20 pièces de canon sont prêtes. Il en fait conduire 5 pièces au Palais royal, 2 pièces sur le Pont royal ; 2 pièces aux Tuileries, sur les deux terrasses en face la place de Louis XV ; 9 pièces aux Champs-Elysées, vers le faubourg St-Honoré, les 9 pièces visant sur toutes les avenues. Les deux autres pièces furent placées sur le Pont-Neuf. Cela fait, il retourna au district. La permission de l'hôtel de ville était arrivée, mais tout était fait. Dans sa course, il trouva 3 hommes sans cocarde. On avait donné ordre à tous de porter une cocarde rose et blanche (les couleurs de la ville). Il les arrête et leur demande s'ils sont des traîtres ou des citoyens ? Ils paraissent interdits ; ils ne répondent rien. « — Qu'est-ce donc, leur dit-il, Messieurs, qui êtes-vous ? — Mais, mais nous sommes des officiers des gardes françaises. — Comment, Messieurs, des officiers des gardes françaises sans uniforme et sans cocarde ? Que peut-on penser de vous ? Seriez-vous des traîtres déguisés ? Qu'on s'assure de ces Messieurs et qu'on les conduise au disdric. » Ils sont conduits et on les enferme dans un tout petit jardin. On s'assemble et on délibère de les conduire à l'hôtel de ville. Ils sont conduits au milieu de 12 fusiliers à l'hôtel de ville et on les remet aux électeurs, qui, après avoir entendu leurs raisons, furent assez bons que de les renvoyer.

Il faut vous dire que le lundi matin 13 juillet, il y eut ordre à tous les quartiers de se rendre en tel endroit désigné sous le nom de district pour former une garde bourgeoise, et à tous les citoyens de se faire inscrire ; ordre en même temps d'arborer une cocarde verte et blanche, ce qui fut exécuté. Il y a 180 mille citoyens inscrits. On ordonna tout de suite des patrouilles pour le jour et pour la nuit. Les gardes françaises à la tête des patrouilles ; les gardes suisses mêlés et quantité de soldats des divers régiments, qui s'échappaient du camp du Champ-de-Mars, de St-Denis et d'autre part, qui se réunissaient à la garde bourgeoise. Tout marchait pêle mêle. Le mardi, la couleur verte pour la cocarde fut proscrite ; c'était la couleur de la livrée de M. d'Artois. On ordonna des cocardes rouges et bleues, couleurs de la ville ; ce qui fut exécuté. Les officiers, les croix de St-Louis, qui portaient ordinairement des grandes cocardes noires, furent obligés de les ôter. Il n'en parut plus, et, au lieu de la noire, ils mirent la cocarde rouge et bleue.

Les aristocrates avaient conseillé au Roi de faire venir 40 mille hommes de troupe réglée pour réduire Paris et l'ordre du Tiers-Etat. Le Champ de Mars était rempli de 3 régiments de Suisses ; St-Denis était occupé par 4 régiments ; le pont de Sèvres et autres qui vont à Versailles étaient gardés par des troupes avec d'artillerie et canons ; on y passait difficilement. Un régiment d'hussards battant la campagne, paraissait quelque fois aux barrières de Paris et causait beaucoup d'alarme.

Le Roi changeait sans cesse de sentiments. Il promettait de coopérer au salut de la nation et, surpris par les conseils des aristocrates, il allait faire bloquer Paris et occasionner une guerre civile. On était dans les horreurs. Le prince de Montbarrey était dans Paris, on l'arrêta et il fut conduit à l'hôtel de ville. Interrogé, il fut renvoyé. Il eut peur, on le croyait aristocrate ; la milice bourgeoise voulait le pendre ; on le croyait aristocrate et par conséquent traître. Le 18 juillet, samedi, il fut obligé de conduire, à deux heures après-midi, une patrouille et de jurer qu'il serait fidèle à la nation.

Le Roi n'arriva pas, jeudi 16, à Paris. Il fut indisposé ; mais, le 17 vendredi, à 8 heures du matin, on annonça dans toutes les rues de Paris que le Roi viendrait à 11 heures. La nuit du mercredi au jeudi, M. le duc d'Orléans, M. le comte d'Estaing, M. le duc de Noailles, M. de Liancourt ne quittèrent pas le Roi, qui ne dormit pas. Ces quatre seigneurs lui firent part de ce qui était arrivé à Paris. Ils pleuraient, et le Roi vit clairement que le comte d'Artois, le prince de Conty, le prince de Condé, le duc de Bourbon, M. de Guiche, M. du Châlelet et toute la famille Polignac l'avaient trompé et lui avaient caché la vérité, et lui avaient donné des conseils violents. Il promit de remédier à tout. En effet, il veut le bien et on l'induit à faire le mal.

L'arrivée du Roi, annoncée pour le 17 vendredi à onze heures dans Paris, fit renaître une joie générale. Tous les districts appelèrent toute la milice, qui se mit sous les armes. Elle fut placée sous trois rangs, depuis l'hôtel de ville jusqu'à Passy par la rue St-Honoré, et de Passy jusqu'à Versailles, il y eut un cordon de troupes de tous les villages circonvoisins, de manière que le Roi, depuis Versailles jusqu'à l'hôtel de ville de Paris, passa toujours au milieu d'une file de milices armées à droite et à gauche. Il y avait 400 mille hommes armés de fusils, de hallebardes, d'épées, de piques, de bâtons longs de deux toises, avec des épées, des dagues, des faucilles au bout, enfin de toute espèce d'armes. Il y avait une nombreuse cavalerie d'élite des jeunes gens; les hommes de 60 ans étaient armés. . . . . .
. . . . . Une foule innombrable de spectateurs, les fenêtres remplies, les balcons, les rues et les patrouilles qui allaient toujours dans l'intérieur de Paris. Tout s'exécuta avec le plus d'ordre possible.

Le Roi partit après 11 heures de Versailles. Il y avait dans son carrosse M. le comte d'Estaing, le duc de Villeroy, Villequier et le maréchal de Beauvau. Il alla au petit pas, par bonté, pour ne pas fatiguer ce peuple nombreux de Versailles qui suivait à pied. Il fut très joyeux jusqu'au devant de l'Ecole royale militaire, au Champ de Mars. C'est l'usage que le canon tire quand le Roi y est arrivé. Ne l'entendant pas, il eut quelque crainte et devint rêveur. Mais bientôt le canon se fit entendre. On avait placé 9 pièces aux Champs-Élysées vers le faubourg St-Honoré. Le Roi fut sérieux jusqu'à l'hôtel de ville.

Quand le Roi fut arrivé à la place Louis XV, il y eut une compagnie à cheval de milice bourgeoise qui s'empara du carrosse du Roi. On plaça trois hommes à cheval de chaque côté du carrosse sur une file assez considérable. Les gardes du corps voulaient rester; mais le commandant de la troupe leur dit : « Messieurs, vous pouvez vous retirer, nous répondons corps pour corps de la personne du Roi. » Ils se retirèrent. Le chevalier de Sandrais, qui était major de la milice bourgeoise, vint se placer à la droite du commandant de la troupe. C'était M. Leroux, frère de celui qui s'était emparé des 20 pièces de canon. Leroux dit à M. des Sandrais pourquoi il se plaçait là, qu'il commandait le détachement et qu'il occupait sa place. M. des Sandrais lui répondit qu'il était le major de la milice. Leroux lui dit : « Je n'ai pas l'honneur de vous connaître, je commande ici d'après les ordres que j'ai reçus de M. de Lafayette, notre général. Si vous voulez rester ici, prenez ma gauche. » M. des Sandrais s'y plaça.

Le Roi arriva à la maison de ville sans

avoir entendu crier : *Vive le Roi !* Les ordres étaient de crier : *Vive la nation !* ce qui avait été exécuté. Quand le Roi fut arrivé à la maison de ville, M. Bailly lui présenta la cocarde rouge et bleue, et lui dit que la nation le priait et s'estimait heureuse s'il daignait l'accepter. Le Roi la prit avec empressement et la cocarde fut placée à son chapeau. Il la garda toujours. Il entra dans l'hôtel de ville sous une voûte d'épées croisées. On lui adressa un beau discours, après lequel il se présenta au balcon de l'hôtel de ville à un peuple innombrable. Ce fut alors qu'on cria : *Vive le Roi !* Il était arrivé à 4 heures sonnées ; il repartit vers les 5 heures. Les anciens ministres qui avaient resté furent renvoyés, M. Necker rappelé. Le courrier du samedi partit à 2 heures 1|2 du matin pour Bruxelles ; M. de Montmorin, M. de la Luzerne, M. de St-Priest rappelés. M. le comte d'Artois, le prince de Conty, le prince de Condé, le duc de Bourbon, M. de Lambesc, le duc de Guiche et toute la famille Polignac exilés ou partis. Le Roi sera délivré de ceux qui lui donnaient des conseils violents.

— 17 juillet vendredi. Dîné avec Reboul chez Minote, après avoir vu passer le Roi et sa suite rue St Honoré chez M. Noël, horloger.

— 18 juillet samedi. Dîné et soupé chez Reboul, où j'ai commencé de loger rue Favart, n° 2, au 3ᵉ étage, sur la place de la Comédie italienne. — Payé au sieur Thibaud pour 11 jours de loyer, rue Neuve St-Marc, au *Grand-Dauphin*, au 3ᵉ, 7 l. 5 s.

— 19 juillet dimanche. Dîné et soupé chez Reboul avec Minote. — J'ai changé mes boucles de souliers qui ne valaient que 15 l. Celles que j'ai valent 30 l. d'argent et la façon. Je rendis 18 livres. Je fus le 18 à la Bastille et je vis qu'on la démolissait.

— 20 juillet lundi. M. le baron de Breteuil avait été nommé président des finances; M. de la Galezière, contrôleur général ; M. le maréchal de Broglie, ministre de la guerre, il était généralissime ; M. de la Porte, intendant de la guerre ; M. Foulon, intendant de la marine. On le dit mort d'apoplexie le 14 juillet. C'était le 12 juillet dimanche. Ils ont tous donné leur démission.

— Du 13 juillet lundi. Un courrier du commandant de Paris porta à Versailles une lettre à l'Assemblée nationale. Elle portait que la foule était énorme au Palais royal. Plus de deux mille hommes armés allaient attaquer les troupes de Royal-Allemand et hussards aux Champs-Elysées ; puis de là aller à Saint-Denis se joindre aux régiments et se rendre à Versailles. Toutes les barrières du nord arrachées ; celle du Trône en feu ; les armuriers pillés ; qu'on prenait la cocarde verte (erreur du moment) ; cette couleur sera à jamais méprisée ; c'est la couleur de la livrée de M. le comte d'Artois). Paris va être en feu dans un instant. On nomma une députation au Roi, qui répondit que c'était à lui à prendre les mesures nécessaires à empêcher les désordres de Paris, à juger de leur nécessité. « Je ne puis à cet égard, dit-il, apporter aucun changement. Quelques villes se gardent elles-mêmes ; mais l'étendue de ma capitale ne permet pas une surveillance de ce genre. » Il n'approuvait pas la milice bourgeoise ; il ne voulait pas éloigner les troupes étrangères. « Votre présence, dit-il aux députés, ne ferait aucun bien à Paris. Continuez de travailler. »

— Le 14 juillet, mardi. Les Invalides, l'École royale militaire et la Bastille furent pris par la milice bourgeoise et les gardes françaises ; on coupa la tête à M. de Launay, au commandant des canonniers M. Miré, à *M. de Fléchelle*, prévôt de Paris (1). Sa tête fut jetée dans la Seine par le pont Notre-Dame. M. de Puget, sous-gouverneur, se sauva par un stratagème. Il se rendit prisonnier et prit une tunique (2).

M. de Liancourt alla se jeter aux pieds du Roi, lui dévoila la vérité terrible que le Roi ignorait. Le Roi céda à ses instances. M. de Liancourt annonça à l'Assemblée nationale que le Roi allait s'y rendre dans la salle. En effet, le Roi seul, sans escorte, sortit du

(1) Prévôt des marchands de Paris.
(2) Voir la note *c* aux pièces justificatives.

Château ; Monsieur et M. le comte d'Artois s'y joignirent. M. le grand maître (1) annonça l'arrivée du Roi. Il parla, le chapeau sur la tête ; mais les cris répétés : « Otez le chapeau » lui ont fait cesser cette insolence. Le Roi, en entrant, a été applaudi. On avait annoncé l'éloignement des troupes ; une députation alla le remercier. Il s'assit au milieu de la salle et prononça un discours où il y avait : « C'est moi qui ne fais qu'un avec ma nation, c'est moi qui me fie à vous ; aidez-moi dans cette circonstance à assurer le salut de l'Etat. Le zèle des représentants de mon peuple, réunis pour le salut commun, m'en est un sûr garant. Comptant sur l'amour et la fidélité de mes sujets, j'ai donné ordre aux troupes de s'éloigner de Paris et de Versailles. Je vous autorise et vous invite même à faire connaître mes dispositions à la capitale. » Depuis longtemps on désirait une telle déclaration de la part du Roi ; mais un frère parjure, un sujet rebelle, un calomniateur audacieux était parvenu à concentrer dans la cour du Roi sa bonté, sa douceur et ses vertus, et ce frère était présent !. . . . .

Le Roi se retira du milieu de son peuple, entouré de tous les députés de l'Assemblée nationale. Rentré tout en sueur et couvert de poussière, il se présenta un moment sur le balcon avec la Reine, le Dauphin et Madame

(1) Des cérémonies.

royale. Les cris de Vive le Roi ! redoublèrent. On nomma une députation de 88 membres pour Paris. Messieurs les gardes du corps offrirent d'accompagner les députés pour leur faire une escorte d'honneur. L'Assemblée, toujours modeste, refusa cette distinction, que ce corps distingué n'a jamais accordée. M. de Clermont Tonnerre dit que des hommes armés, environnant les députés, pouvaient effrayer les spectateurs dans un moment d'effervescence générale. La députation partit de Versailles avec promptitude pour Paris pour annoncer la réponse du Roi, pour demander la grâce et prévenir le supplice de 30 officiers soupçonnés d'avoir voulu emprisonner les gardes françaises.

La séance de l'Assemblée se termina le mercredi 15 à 10 heures du soir, sans avoir reçu aucune nouvelle positive de Paris. Cette séance avait duré 60 heures. Elle avait commencé le lundi à 9 heures du matin. Une si longue séance ne s'oubliera jamais. M. de Lafayette fut nommé le 15 colonel général de la milice bourgeoise. Il resta à Paris pour prendre différentes instructions à l'hôtel de ville, où il attendait les ordres de l'Assemblée nationale pour accepter la dignité dont ses concitoyens l'avaient honoré. La déférence de M. de Lafayette a été vivement applaudie. Les soldats ont mis les drapeaux en mains de M. de Lafayette et de M. de Liancourt en signe de paix. On chanta le *Te Deum* à Notre-Dame.

— Le 16 juillet jeudi, M. Bailly annonça (1) que Paris lui avait fait l'honneur de le nommer maire de la ville et prévot des marchands ; qu'il avait été élevé à cet honneur par la nation et qu'il était prêt de recevoir les ordres de l'Assemblée nationale. M. de Lally-Tolendal avait prononcé un discours à l'hôtel de ville de Paris, il fut prié de le répéter dans l'Assemblée nationale ; il se rendit. Son discours est connu. Il y eut un projet d'adresse au Roi de M. de Mirabeau, qui fut entendu et applaudi. M. le président, après la lecture de l'adresse, annonça que M. le maréchal de Broglie et M. Barantin, le garde des sceaux, avaient donné leur démission.

M. Barnave a repris la motion et l'a réduite à deux points : 1° le renvoi des ministres ; les déclarer indignes de la confiance de l'Assemblée nationale ; 2° mettre sous les yeux du Roi le récit de ce qui s'est passé hier à Paris. Dans cet intervalle, M. de Clermont-Tonnerre a annoncé que M. de Villedeuil avait donné sa démission, ce qui a fait plaisir. 3 ministres éloignés. On demande avec le plus vif intérêt le retour de M. Necker.

Le 17 juillet vendredi. L'arrivée du Roi à Paris, à trois heures après-midi, accompagné de toute la bourgeoisie de Versailles, envi-

(1) A l'Assemblée nationale.

ronné d'une grande partie des députés des trois ordres, qui marchaient à pied sans distinction d'ordre, d'une milice nombreuse qui montait au moins à cent mille hommes, formant deux haies sur trois hommes de front ; un peuple immense faisait retentir les airs d'acclamations et des cris de Vive la nation !

Le Roi a été reçu à l'entrée de la ville par le corps municipal sous une voûte d'acier, et M. Bailly, maire de la ville, a prononcé le discours suivant :

« SIRE,

« J'apporte à Votre Majesté les clefs de sa
« bonne ville de Paris. Ce sont les mêmes
« qui ont été présentées à Henri IV. Il avait
« reconquis son peuple ; ici c'est le peuple
« qui a reconquis son Roi, etc. »

Le Roi, arrivé à l'hôtel de ville, s'est placé sur son trône. M. Bailly lui a présenté une cocarde semblable à celle que tous les citoyens de Paris avaient adoptée. Sa Majesté l'a reçue et tenue constamment à son chapeau..... Après les acclamations de Vive le Roi ! de la joie et de l'allégresse publique, M. Moreau de Saint-Mery dit : « Sire, vous n'avez plus qu'à nous répéter cette grande vérité : Le trône des rois n'est jamais plus solide que lorsqu'il a pour base l'amour et la fidélité du peuple. A ce titre, Sire, le vôtre est inébranlable. »

M. Ethis a voté pour un monument consacré à Louis XVI, régénérateur de la liberté publique, restaurateur de la prospérité nationale et père du peuple français. L'inscription de l'hôtel de ville est : *A Louis XVI, le père des Français et roi d'un peuple libre.*

L'émotion du Roi l'a empêché de prononcer le discours qu'il se proposait d'adresser à l'Assemblée. M. Bailly a parlé d'après les ordres et le vœu de Sa Majesté, et a dit que le Roi venait pour calmer les inquiétudes qu'on pouvait avoir encore sur ses dispositions, etc. A l'Assemblée nationale, M. de Lally-Tollendal a demandé la parole et l'a obtenue.

DISCOURS (1)

« Eh ! bien êtes-vous satisfaits ? Le voilà
« ce Roi que vos cœurs appelaient, que vous
« désiriez de voir au milieu de vous, le voilà
« ce Roi qui vous a rendu une Assemblée
« nationale, ce Roi citoyen, etc. »

(Assemblée nationale, tome 2, pages 66 et 67.)

Le départ du comte d'Artois, de la famille de Polignac, de M. de Barantin, garde des sceaux, arrivé dans la nuit, a encore augmenté la joie publique. L'on disait encore que la Reine et que Mesdames (2) allaient quitter Versailles ; mais il paraît qu'il n'y aura que

---

(1) Martin ne cite qu'une partie du discours que Lally-Tollendal avait prononcé à l'hôtel de ville et qu'il répéta à l'Assemblée nationale.
(2) ... royales, filles de Louis XV.

Mesd. qui, disait-on, vont se retirer à l'abbaye de Fontrevaut (1).

Le 22 juillet mercredi, à quatre heures, M. Foulon, secrétaire d'Etat, a été pendu à un reverbère. La corde a cassé ; on l'a rattaché et pendu. On l'a descendu ; on lui a coupé la tête ; c'est un garçon boulanger. On l'a placée au bout d'une lance avec du foin dans la bouche, parce qu'il avait dit qu'il voulait nourir la canaille de Paris avec du foin. On la porta au Palais royal à 5 heures et on a aussi traîné son corps au Palais royal, à cent pas de distance de sa tête, et aussi dans tout Paris. M. Berthier de Sauvigny, son gendre, est arrivé à la porte St-Martin à 8 heures ; on lui a fait baiser la tête de Foulon, son beau-père ; on l'avait arrêté à Compiègne. Il a été pendu à 9 heures. La corde a cassé ; on l'a soulevé encore. La corde s'est trouvée engagée dans la poulie et le fer ; il a saisi la corde avec la main, on lui a coupé le poignet avec un coup de sabre ; la corde a été aussi coupée. On lui a donné tout de suite des coups de sabre pour lui couper la tête. Le crane a été enlevé ; on a foulé aux pieds le reste de la tête ; on a ouvert son corps, on a retiré le cœur, on a haché à morceaux le reste de son corps, le crane et son cœur ont été portés au Palais royal à 10 heures 1|4 et par tout Paris. C'est un grenadier des gardes

(1) Fontevrault. Elles avaient été élevées dans cette célèbre abbaye.

françaises qui lui a coupé le poignet et le crane. M. Foulon était accusé par une affiche qui était au Palais royal d'avoir volé 20 millions, M. Berthier 16 millions, et d'avoir laissé périr de faim 6,000 hommes dans les prisons de la Conciergerie. Le peuple, instruit de leur crime, soit de leurs vols faits des accaparements, n'a pas permis qu'on leur fît leur procès. Il a demandé qu'on les lui livrât et on l'a fait (1).

— 28 juillet mardi. M. Necker est arrivé à Versailles à 10 heures du soir.

— 30 juillet jeudi. M. Necker est arrivé à Paris à midi. Il y avait M. de Saint-Priest dans sa voiture. Des députés suivaient en voiture.

Une nombreuse cavalerie était allé le recevoir aux portes de Paris et l'a accompagné jusqu'à la maison de ville, où il est arrivé à une heure, passant par la rue St-Honoré, où il y avait un peuple immense, formant deux haies et criant : *Vive M. Necker !* Il a demandé aux électeurs assemblés grâce pour 60 proscrits fugitifs, surtout pour M. de Brémont, et une amnistie générale. Les électeurs l'ont accordée et l'ont signée. Ce qui n'est pas de l'avis de la majeure partie. On n'a pas consulté les 60 districts.

Le 29 et le 30 il y eut illumination générale à la maison de ville, savoir de lustres et de petites lanternes. Au Palais-Royal, le club

(1) Voir la note *d* aux pièces justificatives.

national avait illuminé 15 croisées en couleur, blanche, rouge, verte, jaune. A la huitième fenêtre il y avait le portrait du Roi et celui de M. Necker, musique et raffraîchissements pour les dames.

Le 29 et le 30, aux Boijolais (1), il y avait plus de 15 mille personnes assises ou serrées l'une contre l'autre dans l'angle des Beaujolais.

Le 30 et le 31, les 60 districts se sont assemblés et ont décidé que la grâce des proscrits criminels de lèze-nation ne serait pas accordée, et on a député à l'Assemblée nationale pour faire connaître les intentions des districts. On n'a pas approuvé la demande de M. Necker et la motion de M. de Clermont-Tonnerre à ce sujet.

On a dit, le 30 et le 31, que la R. (2) avait voulu parler au duc d'Orléans ; qu'elle le fit avertir. Le duc en parla au Roi, qui se décida de l'accompagner. Le Roi entra, suivi du duc, sans que la Reine fût avertie. Apercevant le Roi, elle eut mal cœur. On aperçut deux pistolets. On assure aussi qu'elle a avalé de poudre de diamant, poison lent qui lui donnera le temps de penser à sa conscience. Il est possible que le duc d'Orléans n'eût pas fait une visite tout seul à la R... Il fit très bien

---

(1) Beaujolais, c'était le nom d'une partie du Palais-Royal.

(2) La Reine Marie-Antoinette.

d'en avertir le Roi qui, ayant ses entrées sans être annoncé, la surprit avec des p.... (1).

On a dit aussi que le maréchal de Broglie avait été décolé à Verdun ; ce qui est faux. Il n'y a resté que trois jours ; on lui avait refusé l'entrée à Metz dont il est gouverneur ; que le maréchal de Mailly et M. de Montesson l'avait été en Franche-Comté. On présume que le comte d'Artois est chez le Landgrave de Esse-Cassel. On ne sait pas encore où sont les princes de Conty, Condé, et le duc de Bourbon, on les présume à Cologne.

— Le 3 août lundi. Diné chez *Fleury*, 1 l. 8 s. ; une aulne de ruban noir, 8 s. ; une lettre de M. Isopy, 12 s. — Allé au théâtre de Monsieur au *Barbier de Séville*, 2 l. 8 s. ; un bouquet, 6 s.

Le 1er août on tira sur beaucoup de gens oisifs à Monceaux, qui étaient répandus dans les blés ; on en tua plus de cent et on en prit plus de 200. On leur payait leurs journées sans travailler. Il y en a quatre d'arrêtés de ceux qui payaient ; on les interroge à l'hôtel de ville.

— 4 août mardi. Diné chez Lamy, restaurateur au Caveau, avec Reboul, Giraud, Gauger, Dervieux, Vinay, Dupuy de Rouen et

(1) Martin nous paraît être beaucoup trop disposé à regarder comme véritables les faux bruits que faisaient courir les ennemis de Marie-Antoinette pour la rendre de plus en plus impopulaire.

moi pour souhaiter bon voyage à Giraud par la diligence, à minuit de mercredi au jeudi 6 août avec Jaume et M. Desinard (des Isnards). — On a décapité le maire de Saint-Denis : c'est la garde bourgeoise. Le même jour 3 août, les gardes françaises eurent leur congé du Roi ; il n'existe plus de régiment de gardes françaises. — Le samedi 1er août, la garde bourgeoise s'empara à Versailles des portes, barrières, etc., que les gardes françaises occupaient. Ils étaient encore au nombre de 450 ; se voyant inutiles, ils partirent, armes et bagages, et vinrent se réunir à Paris avec leurs camarades. Le Roi est gardé par la milice et les gardes du corps.

..... Les gardes françaises sont licenciées ; on leur a remis leurs cartouches le 2 août ; ceux qui voudront se retirer en sont les maîtres. Ceux qui voudront s'enrôler dans la milice resteront ; M. de Lafayette s'en occupe essentiellement.

Il est assuré que M. de Luxembourg, M. d'Esprémenil et l'abbé Maury sont arrivés à Londres avec des suppôts ; qu'ils ont été reconnus, éconduits et poursuivis par une multitude de peuple qui les a hués. On reçoit ainsi les traîtres à la patrie. — 2 paires souliers, 14 l. — L'assemblée nationale a fait parvenir à Paris 22 articles qui doivent former la Constitution.

— 5 août mercredi. Une tasse café à la

crème, petit pain, 7 s. — Dîné à *St-Nicolas*, n° 10, 1 l. 9 s.

— 6 août jeudi. Dîné chez *Fleury*, 1 l. 12 s. Soupé chez Reboul.

— 7 août vendredi. Dîné et soupé chez Reboul avec Minote et Alexis. — 7 chemises, 6 cols, 19 mouchoirs, 12 paires chaussons, 2 caleçons, 2 crépines, 3 serviettes blanchies, 2 l. 18 s.

— 8 août samedi. Dîné et soupé chez Reboul.

— 9 août dimanche. Dîné chez *Fleury*, 1 l. 18 s.

— 10 août lundi. Dîné chez Reboul avec Mme Simonet et Solange. — Une limonade et un petit pain, 7 s.

— 11 août mardi. Dîné chez Reboul. — Une paire manchettes neuves, 3 l. ; 8 petits pâtés à la *Franchipane*, 12 s. ; bavaroise au lait, petits pains, 9 s.

— 12 août mercredi. Dîné chez Vinay avec Billon qui part le 13. — Un orgeat, un petit pain, 7 s. ; une paire lunettes conserves, 15 s.

— 13 août jeudi. *Écrit à M. Isopy*. Dîné chez Fleury, 1 l. 8 s. — 2 paires de souliers raccomodés, 1 l. 4 s. — Une caraffe orgeat et un petit pain, 7 s.

— 14 août vendredi. Dîné à l'*Accord parfait*, 1 l. 10 s. — Une bavaroise au lait et un petit pain, 7 s.

— 15 août samedi. Dîné chez Reboul. — Une bavaroise et un petit pain, 7 s.

— 16 août dimanche. Dîné chez Vinay. Parti à 5 heures pour Versailles avec Vinay et Gauger. A 7 heures 1⁄4 nous avons trouvé M. Niel fils (1) sur la terrasse, où il y avait beaucoup de monde. Mgr le Dauphin, Madame Royale étaient avec des dames sur la terrasse dans l'endroit carré où il y a une balustrade. Nous promenâmes jusqu'à 8 heures 1⁄4 ; mais le jeu de la Reine ayant commencé, nous montâmes dans les appartements. Nous trouvâmes M. Diet dans l'antichambre, à qui j'eus le plaisir de présenter une lettre de recommandation de M. Rougier d'Avignon. Après les politesses d'usage, M. Diet nous fit voir les meubles précieux de cette chambre. Sur la table il y a un vase d'or massif qui a coûté cent mille écus. A côté de la cheminée, un meuble appelé corbeille, en nacre et en bronze d'un prix immense et d'une sculpture finie. Sur la cheminée une agate de six pouces de diamètre ovale, de 3 pouces de profondeur, avec un lézard, le corps gris, partie du col et de la tête blanc et le bout de la queue or de 4 lignes. Du côté opposé un taureau blanc avec ses cornes. L'agate a plusieurs nuances et est bien transparente. On estime cette pièce plus que le vase d'or massif ; on la regarde sans prix, par l'impossibilité morale d'en trouver une autre qui pût en approcher. Le lit et les autres meubles étaient

(1) Uoir la note aux pièces justificatives.

dignes d'un roi. Nous entrâmes dans le salon de jeu. La Reine avait à son côté droit Monsieur et huit dames assises autour d'une table ronde. On jouait au loto-Dauphin ; Monsieur payait. Madame Elisabeth faisait une partie aux cartes avec trois dames dans un coin du salon près la fenêtre.

La Reine avait une robe d'indienne ou de toile des Indes blanche, parsemée de fleurs ou peintes ou brodées ; les dames étaient en noir. Quantité de seigneurs regardaient jouer. La Reine parlait de temps en temps à différentes personnes, qui paraissaient très contentes et qui recherchaient ce moment avec avidité. La Reine regardait tout le monde avec cette assurance qu'on lui connaît, et de temps à autre elle fronçait ses sourcils. J'en fus regardé, mais je détournai les yeux, comme on me l'avait recommandé. Je la regardais aussi souvent qu'il me fut possible. Elle a la figure belle, mais très hautaine ; elle a la main divine. Nous y restâmes plus de demie heure. Nous retournâmes à M. Diet, qui nous fit le meilleur accueil et nous invita à dîner pour le lendemain. Nous sortîmes à dix heures du Château, nous fîmes encore un tour sur la terrasse, et nous prîmes le chemin de l'*Hôtel de la Guerre*, où nous nous couchâmes dans une chambre à trois lits, un pour Vinay, un pour Gauger et l'autre pour moi, à 3 l. par jour pour chacun pour le lit et la chambre.

— 17 août lundi. Nous fûmes coiffés et habillés à 7 heures. Nous allâmes à l'Assemblée nationale ou des Etats-Généraux. Nous ne pûmes nous placer ; tout était plein. Nous allâmes trouver M. Bignan, député, où nous restâmes jusqu'à 9 heures. Son fils vint avec nous à la salle des Etats-Généraux, et il parvint à nous conduire dans les corridors de la salle, derrière les bancs des députés. Les huissiers ne voulaient pas nous laisser occuper les places ; mais, comme il y avait assez de monde, personne ne se décida à sortir. Nous restâmes, mais en nous plaçant dans l'enfoncement des corridors sans être aperçus. Nous nous plaçâmes sous la tribune, en face du président, où nous entendions sans voir.

La séance commença à 10 heures. On fit lecture du procès-verbal de l'Assemblée du jour auparavant. M. le comte de Mirabeau fit la lecture de la *Déclaration des droits de l'homme*, avec préambule et 19 articles. L'Assemblée applaudit... M. Bergasse fit lecture du plan qu'on veut adopter pour la justice civile et criminelle, avec articles. Cette lecture occupa plus d'une heure. M. Bergasse se reposa quatre fois et prit une limonade pour se raffraîchir. L'Assemblée applaudit beaucoup. Nous parvinmes pendant ce temps-là à nous placer dans les corridors, derrière les bancs des députés, où nous étions à portée de voir toute l'Assemblée, et quand elle allait aux opinions d'assis et levé, nous nous p'acions derrière les colonnes.

On lut après cela des lettres et adresses de plusieurs provinces et villes, et surtout des officiers du port de Brest et de la municipalité, où l'on disait que, d'après les craintes qu'on avait eues que la trahison qu'on avait fait échouer pour livrer le port de Brest aux Anglais, il était urgent de demander au duc, ambassadeur d'Angleterre (1), qui avait déjà averti M. de Montmorin du complot, des renseignements pour connaitre les coupables. Il y avait eu deux seigneurs bretons arrêtés dans cet endroit ; on voulait empêcher leur émigration, ce que plusieurs gentilshommes ont effectué. On soupçonnait partie de la noblesse bretonne d'être dans ce complot ; on voulait connaître les fauteurs et auteurs du crime de lèse-nation. Mais, après un débat très vif, il fut décidé par l'Assemblée nationale qu'elle ne doit et ne pouvait être délateur ; qu'il était inutile de lui demander des renseignements ; que les nobles Bretons étaient tous citoyens, et qu'on ne devait pas les soupçonner, et qu'il n'y avait pas lieu à délibérer. — La séance finit à 2 heures.

Nous revinmes chez M. Diet à 2 heures et demie. Il nous accueillit avec distinction. Mlle Brun, sa cousine, fit les honneurs du

---

(1) Martin veut dire *notre ambassadeur en Angleterre*.

dîner. Il y avait M. Centenier, de L'Isle, et M. d'Agar, de Cavaillon, gardes du corps ; M. Diet et Mlle Brun, MM. Vinay, Niel, Gauger et moi. M. Germain de Villeneuve, parent de M. Diet, arriva à 3 heures 1[4 (Il est banquier à Paris) et dîna avec nous. Nous étions neuf. Le dîner fut très bon et la conversation très agréable.

Nous sortîmes à six heures avec M. Centenier, avec lequel nous allâmes au Château. M. Vinay courut Versailles pour affaires. Arrivés au Château, M. Centenier fut à son poste, et Niel, Gauger et moi, allâmes voir les appartements du Roi, qui était à la chasse. Je touchai le chapeau, l'habit simple, les bas, la chemise qu'on préparait pour le Roi à son retour. Nous examinâmes tout, surtout une pendule, où il y a un globe céleste ; une autre pendule qui, à toutes les heures, chante un air, et Louis XIV sort d'une loge et est couronné par une renommée ; des chandeliers d'or massif à 4 bougies, de 160,000 l., et tous les autres meubles sans prix..... Nous allâmes de là à l'Œil-de-Bœuf et dans la galerie qui est regardée comme la plus belle galerie de l'univers ; de là à la salle de spectacle, qui est immense en hauteur, profondeur. La coupe en est très belle et en belle proportion, le théâtre immense. Il y avait pour décoration une forêt, en hauteur naturelle de huit à neuf toises, et qui s'enfonce dans un instant ; la profondeur était égale à la hauteur.

Il était arrivé à la porte du Dragon un détachement de 180 ou de 80 dragons, qui avaient été appelés par la municipalité de Versailles pour aider la milice bourgeoise et la maréchaussée pour escorter les convois de blé et de farine. L'ordre était d'entrer par la porte de l'Orangerie. Ils se présentèrent à la porte du Dragon. La municipalité n'avait pas averti les districts ni le comité permanent, et n'avait pas affiché et publié dans Versailles que les dragons arriveraient ; de manière que la sentinelle refusa de les laisser entrer. L'officier exhiba l'ordre ; une patrouille de la milice arriva ; on refusa pa ce qu'on n'avait pas averti et qu'il était défendu de laisser entrer des troupes.

La population arriva ; on ne s'entendit plus. Par cinq fois les officiers de dragons furent conduits désarmés au ministère de la guerre, la bride de leurs chevaux en mains de deux soldats de la milice, sans pouvoir obtenir leur entrée. Ils offrirent d'entrer sans armes, ce qui fut refusé. Les dragons avaient fait une marche de 14 lieues sans manger ; les hommes et les chevaux étaient sur les dents ; on refusa toujours ; M. le commandant de la milice ne put rien obtenir. Il y avait plus de 20 mille ames qui barraient l'entrée. Le Roi, revenant de la chasse, passa au travers des dragons et du peuple et ne dit rien, ne donna aucun ordre. Enfin, sur les neuf heures, une partie de la milice fila pour entourer les dragons. Ce qu'ayant aperçu, ils se décidèrent de partir et d'aller coucher au Grand et au Petit Trianon, où ils trouvèrent des lits et des matelats. On plaça les chevaux dans les allées, au piquet ; on plaça des sentinelles, et on leur envoya de Versailles de la soupe, du pain, du vin, des provisions pour manger et du foin et avoine pour leurs chevaux.

Le Roi abattit un cerf qui fut porté sur une charrette. 1/4 d'heure après l'arrivée du Roi. Nous fîmes souper chez M. Diet, d'où nous sortîmes à 11 heures. Rendus à l'hôtel de la Guerre, nous nous couchâmes. — Les dragons prêtèrent serment et entrèrent dans Versailles ; ils changèrent d'habits avec la milice bourgeoise.

Le 18 août mardi. Nous sortîmes à huit heures de l'hôtel de la Guerre et nous allâmes à la salle des États-Généraux. On ouvrit un battant de la porte à droite, par laquelle on ne laissa entrer que la quantité de personnes pour occuper les gradins du côté de la tribune. Ce qui fait, on ouvrit les deux battants. J'eus le bonheur d'entrer des derniers et trouvai place du côté du président. On ferma quand les gradins furent remplis : c'était l'ordre de M. le Président, qui avait défendu de laisser pénétrer qui que ce soit dans les corridors.

La séance commença à 10 heures. Les deux portes furent impitoyablement frappées coup sur coup. On fut obligé d'ouvrir et de laisser entrer pour se placer et se tenir debout derrière les gradins tous ceux qui purent trouver place.

On commença par les adresses des villes, et on en vint à la *Déclaration des Droits de l'homme*. Il y eut plusieurs députés qui parlèrent avec beaucoup d'esprit, mais on n'adopta que le plan. Le comte de Mirabeau obtint 4 fois la parole. Il fut obligé de descendre une fois de la tribune. L'assemblée décida que ce n'était pas son tour. Il fut attaqué personnellement et il riposta avec éloquence, sans être préparé... Mais on ne devrait pas le permettre; on ne doit s'occuper que du fond et faire taire l'amour propre. Il y eut un choc d'opinion continuel. On fut obligé, sans rien conclure, de renvoyer aux bureaux, à une nouvelle discussion pour rapporter à l'Assemblée. La séance dura jusqu'à 3 heures 1[4. A 2 heures 1[4, nous sortîmes avec M. Vinay (1) chez M. Dumignau d'Avignon, qui nous accueilli avec politesse et amitié. Le dîner commença par un *Bénédicité*, chanté en 5 parties par lui, son fils et ses trois filles. Charmante famille ! heureux père ! heureux enfants ! L'amour, l'amitié et la gaîté les unissent. Son aimable épouse, sa chère cousine Mad. de Saint-André,

(1) ....pour aller dîner.

Vinay et moi jouîmes de tous les plaisirs qu'on doit désirer. Les *Grâces* furent chantées de même par les mêmes. — Heureux acteurs ! Nous passâmes dans le salon de compagnie. M. Dumignau dit à sa fille aînée, âgée de 13 à 14 ans, si elle ne voudrait pas jouer quelques pièces sur son *forte-piano*, et à son fils, âgé de 12 à 13 ans, s'il ne l'accompagnerait pas avec son violon. Ces aimables et jolis enfants s'empressèrent et exécutèrent une pièce très longue avec toute la précision désirable. On applaudit et ils le méritaient. Dumignau dit à son fils de chanter une ariette italienne, de s'accompagner sur son *forte-piano* et qu'il l'accompagnerait av c son vilon. Le jeune virtuose, ayant pris la place de l'aimable Henriette, préluda, joua et chanta avec beaucoup de méthode, ce qui annonce un grand talent. Dumignau accompagna son fils avec son violon ; on applaudit avec enthousiasme...

Dumignau demanda à Mad. de St-André si elle croyait être en voix et si elle voulait répéter une leçon composée par Dumignau, du maître avec son élève. Mad. de St-André accepta. Le fils accompagna sur le *forte-piano*, le père avec son violon. Mad. de St-André chanta un duo avec M. Dumignau, je crus entendre un rossignol. On applaudit ; Vinay embrassa Mad. de St-André ; je n'osai demander cette faveur. M. Dumignau pria Mad. de St-André de chanter encore une ariette. Elle accepta, et j'eus un nouveau plaisir. Elle développa un volume d'une voix enchenteresse. Je remerciai M. Dumignau et cette charmante et unique famille des vrais plaisirs dont ils m'avaient fait jouir, et nous sortimes avec Vinay pour aller faire visite à Mme Bose de Nîmes, femme d'un peintre célèbre.

Cette belle femme nous reçut en patriote et me permit de l'embrasser. Nous ne jouimes qu'une demi heure de plaisir de sa conversation. Nous nous rendimes de la chez les députés de Marseille, où nous vimes encore une très belle femme. On voulait nous retenir à souper, nous remerçiâmes, nous primes congé et nous fûmes au Château, dans les appartements du prince de Conty, où nous trouvâmes M. Bose, cet excellent artiste; occupé à faire le portrait d'un député. J'y vis les portraits de plusieurs de nos illustres députés, grands orateurs, entre autres une tête qui n'avait occupé qu'un séance. On me demanda si je connaissais ces traits. Je regarde et je reconnais à l'instant M. le comte de Mirabeau, ce qui fit plaisir à toute l'assemblée et à l'artiste. On nous fit voir des estampes en dessin admirables, sous glace, et surtout Louis XVI et la Reine, avec toute la purure et la magnificence royale. On me demanda mon sentiment. Après l'examen, je dis que c'était une chose impayable. On me répondit que c'était le travail de Mlle Bose, âgée de 12 ans. J'étais enchanté. Nous saluâmes M. Bose. En sortant, nous entrâmes dans la pièce qu'occupait Mlle sa fille. Elle était occupée à dessiner un charmant petit Joquey de dix ans. La ressemblance, l'expression, tout en ce dessin était parfait. Nous lui rendîmes un juste hommage. Nous sortîmes du Château. Un cocher s'empressa de nous demander si nous allions à Paris. — Oui, lui dîmes-nous. — Nous entrâmes dans une voiture longue, très commode. Il nous conduisit à l'hôtel de la Guerre. Nous prîmes nos petits paquets. On nous conduisit chez M. Diet ; il n'était pas rentré. Nous trouvâmes Mlle Brun, que je remerciai de ses attentions, et la priai de témoigner à M. Diet (1) le regret que j'emportais de ne pouvoir l'assurer de ma sensibilité et le remercier de ses attentions. Mlle Brun voulait nous engager à rester, nous lui dîmes que la voiture nous attendait à la porte, et nous prîmes congé... Nous partîmes de Versailles à huit heures. Nous arrivâmes au Palais-Royal à dix. Je descendis dans cet endroit enchanté. La première personne que j'y vis ce fut mon ami Reboul. C'était le but de mes désirs. Mon petit voyage a été heureux et m'a procuré toutes les jouissances ; mais la dernière a été la plus désirable, celle du cœur.

— Le 17 août lundi. Déjeûné au Suisse de la salle des États-Généraux, 2 l. 10 s. —

(1) Voir la note aux pièces justificatives.

Dîné et soupé chez M. Diet. 18. — Payé au perruquier, 18 s. — Payé à l'hôtel de la Guerre pour avoir couché deux nuits, 6 l. — Payé au Château pour voir la salle de spectacle avec Niel et Gauger, 12 s. — Dîné chez M. Dumignau. — Parti de Versailles à 8 heures ; Payé ma place, arrivé à Paris à 10 heures, 4 l. 4 s. — Perruquier quitté le 16 août à Paris. J'ai commencé à me faire peigner journellement par un autre perruquier le 19 août, 6 l.

21 août vendredi. Dîné chez Reboul avec Madame Simonet, Manette et Solange.

— 23 août dimanche. Dîné chez M. Franque. Soupé chez Reboul.

24 août lundi. Dîné chez Reboul. Le pain a manqué dans Paris. Il y eut un concert au Palais-Royal. Il commença au Baujolais, à 9 3/4 et dura 3/4 d'heure. Il y avait dix mille ames, assises ou droites dans l'angle. Je ne *soupa* point (1).

— 25 août mardi. Dîné chez M. de Renaud, M. et Madame Pinson et autres personnes. Le pain a aussi manqué. — Pris une bavaroise avec un petit morceau de pain de 4 liv. 2 7 s. Perdu au 21 chez M. de Renaud, 1 l. 16 s.

Bordier, acteur des *Variétés* de Paris, et Jourdan, avocat, furent pendus à Rouen, le

---

(1) Le souper de Martin était peu substantiel. Il consistait comme on a pu le voir, en deux petits pains avec un verre d'orgeat, ou bien une bavaroise ou une limonade.

vendredi 21 août, pour s'être mis à la tête des bandits.

— Le 27 samedi, un avocat, rayé du tableau, auteul du *Fanal* et d'une autre feuille séditieuse et exaltée, fut arrêté par la milice à 8 heures du soir cher lui. On lui permit de souper et d'entrer dans sa chambre pour s'habiller et prendre le linge nécessaire. Il prit le bout d'un drap ; sa domestique avait ordre de se saisir de l'autre bout, ce qu'elle ne fit pas. Il s'élança de la fenêtre. (Il occupait un premier). Le drap échappa, il tomba. Il se fit un trou à la tête au-dessus de l'œil. On le relève, reporte dans son lit ; on le panse et deux après minuit, il est capable de marcher ; on le conduit à l'Abbaye.

Le 25 août mardi, il y eut un concert aux Tuileries sur la terrasse. L'amphithéâtre pour les musiciens était au milieu du bâtiment, sous le balcon. Il y avait une enceinte où l'on n'entrait qu'avec des billets. J'y entrai avec M. de Villate, gouverneur des jeunes messieurs de Montmorency, qui, revenant d'Italie, passèrent à Avignon en 1788. Ceux qui n'avaient pas de billets se placèrent sur la terrasse, dans les allées du jardin, à portée d'entendre. Il y avait plus de cent mille ames. Le concert fut très bien exécuté. On finit par la chanson d'Henri IV, à la demande des citoyens. La garde milice, au moyen de plus de mille hommes placés dans tous les endroits, maintenait l'ordre. Il n'arriva rien ; on entra tranquillement et l'on sortit de même. Le concert commença à 10 heures et finit à 10 heures et demie.

— 25 août. Dîné chez Reboul avec Minote. Reboul n'a pas dîné, il était malade. — 8 pêches 14 s.

Le pain était rare et mauvais ; on jeta de la farine à la halle, qui était mauvaise. Elle avait fermenté, ce qui occasionna, les jours précédents, des maux d'estomac. On envoyait à 3 heures du matin les domestiques chez les boulangers, pour avoir du pain. Il y avait des miliciens pour empêcher la foule qui empêchait les boulangers, et qui prenaient du pain plus qu'il ne leur en fallait, par la crainte d'en manquer ; ce qui peut avoir occasionné la rareté du pain. On donnait des numéros et souvent on ne s'était pas procuré du pain à 11 heures.

— 27 août jeudi. Dîné à l'*Accord parfait*, 1 l. 10 s. Un quarteron (1) reine claude 3 s. — Le pain rare et mauvais.

— 28 août vendredi. Dîné à l'*Accord parfait*, 1 l. 10 s. — 4 pêches et 13 reines claudes 8 s. — 29 août samedi. Dîné à l'*Accord parfait*, 1 l. 10 s. — 30 août dimanche. Dîné chez *Fleury*. 4 pêches et un petit pain 1 l. 10 s. — 31 lundi. Dîné au *passage des Feuillents* et petites dépenses 3 l. Soupé chez Reboul.

(1) Le quart de la livre.

Le 29, 30 et 31. Attroupements au Palais-Royal. — Le 30, motion pour l'Assemblée Nationale. — Le marquis de Ste-Heureuse. Il y avait des canons au pont de Sèvres et 400 hommes. — 2 septembre mercredi. Patrouilles nombreuses au Palais-Royal pour empêcher les attroupements en pelotons. Le 1er septembre, on voulait prendre quelqu'un au café du Foy. La garde se présenta, ils rompirent le barreau par derrière et sortirent. On jeta des chaises sur la patrouille. Le 2, on prit 3 hommes au Palais-Royal et 6 dans la journée.

— 3 septembre jeudi. Le marquis de Ste-Heureuse a été arrêté hier à la place des Victoires et 29 autres personnes. — Une feuille de papier de Hollande pour les corps aux pieds, 12 s. — Une cocarde, 1 l. 4 s. — Une redingote pour M. Cairanne en taffetas ciré, 36 l. — Diné chez Reboul. — Mangé un faisan. — Allé à la Comédie italienne, 1 l. 4 s. — Soupé chez Reboul.

— 4 septembre vendredi. Diné à l'*Accord parfait*, 1 l. 10 s. — Porté ma malle chez M. Glot, dans la cour du *Grand-Cerf*, rue Saint-Denis, pour la plomber, le passement, 2 l. 8 s. — Rue des Victoires, tour de force dans un petit endroit. — Pour la Comédie italienne, régalé, 6 l. 12 s. — Soupé chez Reboul.

— 5 septembre samedi. Diné chez Reboul avec Minote.

— 6 septembre dimanche. Dîné chez M. Franque. — Soupé chez Reboul avec Mme Simonet et Solange.

— 7 septembre lundi. Dîné chez M. de Renaud. — Allé au jardin du jardinier du Roi. Vu ses serres chaudes des 500 ananas. ensuite toute sorte d'arbustes. — Pris un passeport à l'hôtel de ville. — Vu au 3e, rue Richelieu, les tours de force et de souplesse d'une enfant de 16 ans, 6 l. 12 s.

— Suite du samedi 5 septembre. Onze dames portèrent leurs bijoux à l'Assemblée nationale. On les accepta. On leur donna des fauteuils ; elles assistèrent depuis midi jusqu'à 3 heures à la séance.

— 8 septembre mardi. Dîné et soupé chez Reboul.

— 9 septembre mercredi. Dîné chez *Fleury*, rue Ste-Anne, 1 l. 10 s. — Allé à la Comédie italienne, où l'on joua la *Belle Arsène*. Mlle Réynaud chanta comme un ange, 1 l. 4 s.

— 10 septembre jeudi. Déjeuner chez Mme de Mesyeux, rue Ste-Anne, n° 6. — 3 tasses de café à la crême avec un petit pain, 1 l. 4 s. ; six crayons à l'anglaise, 1 l. 16 s. ; un surtout bouracan, 30 l. 12 s.

— 12 septembre samedi. Dîné avec Reboul chez Mme Simonet avec ses quatre filles, savoir : Mme Crétu et son mari ; Mlle Nanée, actrice chez Audino ; Mlle Manette et Solange. — Soupé chez Reboul.

Parti de Paris à minuit de samedi au dimanche 13 septembre dans la diligence avec Billion. Payé ma place 114 livres.

— 13 septembre dimanche. Dîné à Montereau, couché à Sens, 29 lieues.

— 14 septembre lundi. Dîné à Auxerre, couché à Lucile-Bois.

— 15 septembre mardi. Dîné à Villeneuve-Laguène, soupé et couché à Autun.

— 16 septembre mercredi. Dîné à Chalon-sur-Saône. — Quitté la diligence de terre. — Parti à midi sur le coche d'eau. — Soupé et couché à Mâcon.

— 17 septembre jeudi. Dîné à Ryoté et couché à Lyon. Soupé chez *Trollier*. Frais de chambre, 15 s.; pour débarquer en bateau et porter ma malle, 1 l.; arrêté ma place sur la diligence, 12 l.

— 18 septembre. Parti de Lyon à 5 heures. Dîné à Condrieux. Soupé et couché à Saint-Vallier, 2 l. 8 s.

— 19 septembre samedi. Dîné aux Granges de Valence, 2 l. 2 s. Soupé et couché à Valence, 2 l. 8 s.

— 20 septembre dimanche. Parti de Valence à 6 heures. Dîné dans la diligence. Passé le pont du St Esprit à 3 heures 1|2. Séjour d'une heure pour débarquer les voitures de M. de Chompré, de Marseille, et de M. Pota, négociant de Cette.

— Parti du St-Esprit (1) à 4 heures 1|2. Arrivé à 10 heures 1|4 sur l'île de la Barthelasse. Rentré dans ma maison à Avignon à onze heures du soir. Pour mon sac de nuit, 6 s.

J'ai dépensé pour ma nourriture, loyer, comédie, fiacres, voyages, etc., depuis le 21 avril 1789, jour du départ d'Avignon, jusqu'au 20 septembre 1789, jour d'arrivée à Avignon, la somme de cinq cent quatre-vingt-quinze livres cinq sols.

(1) Il est évident que Martin, quoiqu'il ne le dise pas formellement, descendit le Rhône en bateau du Pont-St-Esprit à Avignon. Il est même probable qui l'a descendu de Lyon au Pont-St-Esprit.

FIN DU VOYAGE DE MARTIN

PIÈCES JUSTIFICATIVES

NOTE A, page 2.

Fragment d'une pièce satirique en vers écrit de la main de Martin. Les feuillets qui contenaient les vers précédents ont été coupés dans le manuscrit.

. . . .
Nous fait avancer de trois pas ;
Là, ce lourdot nous éclabousse,
Adieu jupons et falbalas,
Tout est crotté de haut en bas.
Des charlatans, des empiriques ;
Des adulateurs ennuyeux ;
De ces courtisans faméliques
Et des grands seigneurs sans ayeux :
Des gens d'esprit, des imbéciles,
Nombre d'escrocs des plus habiles,
Des céladons impertinents,
Des lourds financiers impudents,
Des bégueules au faux sourire
Des bamboches que l'on admire,
Mille petits abbés coquets,
Des singes et des perroquets,
Des chevaux fringants et des rosses ;
Mais ce qui fait surtout pitié,
Le duc, le prince même à pied,
Et tous nos faquins en carosses ;
Des ballons qui le plus souvent
S'enflent avec notre argent ;
Des expériences physiques,

Des éloges académiques,
Des épigrammes, des romans,
Des libelles intéressants
Et des systèmes chimériques.
Des jeux de paume et de billard,
Où le fourbe et rusé mouchard,
Sur certains points nous donne prise,
Nous fait repentir, mais trop tard,
De notre indiscrète franchise ;
Des cafés où cent fainéants,
Où tous nos chevaliers errants
Viennent puiser dans les gazettes
Leurs calembours et leurs sornettes,
Et les intrigues de la Cour,
Et les anecdotes du jour.
Des tripots où notre jeunesse,
Victime d'un fatal penchant,
S'expose à perdre en un instant
Fortune, équipages, maitresse,
Des spectacles où maints badauds
Viennent exercer leur critique,
Siffler un opéra comique
Et bailler aux drames nouveaux.
Vous y voyez la jeune actrice,
Se dépouillant du titre vain
Et de reine et d'impératrice,
Voler, par choix ou par caprice,
Entre les bras du libertin
Qui l'attendait dans la coulisse.
Vous y voyez nos adonis
Au teint de roses et de lys,
Nos robins s'armer de lorgnettes,
Les diriger sur vingt coquettes,
Pour en briguer un doux souris.
Que nous offre encore Paris ?
Des promenades où nos belles
Courent afficher leurs langueurs,

Etaler plumets et dentelles,
Rubans de diverses couleurs
Et toutes les modes nouvelles ;
Des brillants rendez-vous d'amour
Où mille petites maîtresses
Viennent sur le déclin du jour
Prodiguer leurs dignes caresses,
Et faire admirer les appas
D'une taille svelte et gentille,
Pour mieux enchaîner sur leurs pas
Tous les sots dont la bourse brille.
Bref, on y voit plus d'un balcon,
D'où Laure, Eglé, Céline, Hortense,
En galant corset de linon,
Mettent à prix leur complaisance,
Et disent d'un air d'innocence :
Pst ! Monsieur, écoutez donc.
Des trahisons, des injustices,
Des dévots remplis d'artifices,
Des usuriers et des filous,
Voilà Paris, y viendrez-vous ?

Un amas confus de maisons
Faux gens, blancs, noirs, roux, grisons ;
Des meurtres et des trahisons ;
Des gens de plume aux mains crochues.
Maint poudré qui n'a pas d'argent ;
Maint homme qui craint le sergent,
Maint fanfaron qui toujours tremble ;
Pages, laquais, voleurs de nuit,
Carosses, chevaux et grand bruit
C'est là Paris, que vous en semble ?

NOTE B, page 24.

La plus lourde faute politique commise par Louis XVI dans l'état de fermentation où se trouvaient les esprits, fut le renvoi de Necker. La popularité de ce ministre était alors à son comble, et son remplacement ne pouvait, dans l'opinion publique, qu'amener une catastrophe, puisque le peuple regardait le célèbre banquier de Genève comme le seul homme capable de sauver l'Etat.

En prévision de l'agitation que cette nouvelle allait produire dans Paris, on y envoya le 12 juillet un corps de troupes étrangères pour y maintenir l'ordre. Le prince de Lambesc, commandant une partie de celles qui étaient rassemblées autour de la capitale, reçut ordre du baron de Buzenval de charger le peuple sur la place Louis XV et dans le jardin des Tuileries, pour peu que les soldats qu'il commandait éprouvassent de la résistance. Ce prince de Lambesc était un homme de mœurs féroces et dissolues. Voici comment, dans une lettre publiée en 1789, M. de Buzançois s'exprimait sur son compte, ainsi que sur celui du prince de Vaudemont, tous les deux parents de Marie-Antoinette.

« Cet original, disait-il du premier, plus fait pour être muletier que pour être à la tête d'un régiment, vient d'assommer à coups de canne un boulanger de cette ville (Valenciennes), infirme et impotent, dont tout le crime a été de donner son pain à crédit aux brigadiers des dragons de Lorraine. L'affaire a d'abord été mise au criminel; mais quelques rouleaux l'ont mise ensuite à l'amiable.

« Le prince de Lambesc et le prince de Vaudemont sont détestés; il n'y a que leur nom, la faveur et la parenté de la Reine qui les soutiennent. Ils n'ont ni assez d'esprit pour être des aimables roués, ni assez de probité pour être d'honnêtes gens ; ils sont craints, on les fuit et on les hue. Voilà leur tort. M. de Sarrefield doit avoir rendu compte à la cour de cette scène. »

Dans son expédition au jardin des Tuileries, le prince de Lambesc s'avança fièrement à cheval, à la tête du régiment Royal-Allemand et d'un corps de Suisses, chargea au galop la foule de bourgeois paisibles qui remplissaient les allées du jardin, donna ordre à ses soldats de sabrer et sabra lui-même une femme qui se trouvait sur son passage, ainsi qu'un vieillard qui tomba sous ses coups dangereusement blessé. Au meurtre ! vengeance ! crie-t-on de toutes parts. L'indignation la plus vive éclate aussitôt dans la foule ; on lance sur les soldats des pierres, des chaises, tout ce qui tombe sous la main.

Inquiet sur le succès de sa lâche et criminelle agression, le prince de Lambesc forme ses troupes en bataille et fait bientôt une retraite qui le couvre de honte et de confusion. (Voir l'*Histoire de France*, par l'abbé de Mont-Gaillard, t. 2, p. 68).

NOTE C, page 37.

Voici comment un historien raconte la prise de la Bastille, évènement qui fit grand bruit en France et dans toute l'Europe :

.... Dès la veille, le peuple s'est emparé de toutes les armes trouvées chez les armuriers, ainsi que d'un bateau chargé de poudre. On se porta aussi au Garde-Meuble, où l'on s'empara sans dévastation de toutes les armes qui s'y trouvaient déposées. Les plus riches, les plus belles attirèrent l'attention de ces hommes du peuple ; fusils, pistolets, sabres, couteaux de chasse, armes offensives de toute espèce, sont enlevées en moins d'une demi-heure. Deux canons sur leurs affuts, envoyés par le roi de Siam à Louis XIV, sont traînés, descendus et conduits vers la place de Grève. Ce groupe d'hommes, de femmes et d'enfants, formé tout à coup en bataillon, offre l'assemblage des différents costumes guerriers de tout siècle et de tout pays, et portant toutes les espèces d'armes d'Europe, d'Asie, d'Amérique, même les flèches empoisonnées des sauvages. La lance de Boucicaut, le sabre de Duguesclin brillent dans les mains d'un bourgeois, d'un ouvrier ; un portefaix brandit l'épée de François 1er.

C'est une scène de carnaval en juillet. Dans plusieurs églises, lieux d'assemblées pour les districts, des ouvriers s'emploient à faire des balles.

L'assemblée des électeurs, siégeant à l'hôtel de ville, autorise les districts à faire fabriquer sur le champ, aux dépens de la ville, des piques, des hallebardes et d'autres armes aussi peu formidables, mais que le désespoir sait employer dans les mouvements populaires. Tel est le tableau de Paris à l'aube du 14 juillet. Il reste néanmoins beaucoup d'hommes à armer, lorsque le bruit se répand que la Bastille renferme des dépôts considérables. Le peuple y vient à la suite des personnes qui portent au gouverneur une lettre du Prévôt des marchands, premier magistrat municipal. La porte de ce château est ouverte à une quarantaine d'hommes ; mais, dès leur entrée, une fusillade a lieu dans l'intérieur. Il peut se faire que le gouverneur, marquis de Launay, croie qu'on veut le surprendre, et, sous prétexte de pourparlers, s'introduire dans l'intérieur du Château, dont quatre-vingt-deux invalides et trente-trois Suisses forment toute la garnison ; car le maréchal de Broglie n'y a fait entrer ni secours en vivres, ni soldats, malgré les avis réitérés du gouverneur, malgré les assurances qui lui ont été données.

Que pouvait ce simulacre de garnison, cette ombre de service militaire, même derrière d'épaisses fortifications, contre une multitude qui, quoique mal armée, est redoutable par sa fureur et son impétuosité ? Le marquis de Launay, devenu en ce jour si célèbre, a négligé de s'approvisionner de vivres, au point que, si le siège durait jusqu'au lendemain, le danger d'une disette instante et inévitable sera un des motifs que ses officiers lui présenteront pour le déterminer à se rendre, négligence plus impardonnable que celle d'avoir oublié de se pourvoir d'un drapeau blanc (On y suppléa par quelques mouchoirs attachés ensemble); mais les deux fautes viennent de la même cause. Launay supposait, comme les ministres, que la première décharge d'artillerie ferait trembler la capitale, et que l'approche de l'armée établirait une communication facile entre la ville et la citadelle.

Au reste, le gouverneur, né et élevé dans ce château-fort, le regardait comme son domaine patrimonial. Résolu de se défendre, il avait disposé, dès les jours précédents, tous les moyens remis à sa disposition. Les tours étaient garnies de quinze pièces de canon. On avait placé douze fusils de rempart du calibre d'une livre et demie de balles. Le Château renfermait en outre quatre cents biscaïens, quatre coffrets de boulets sabotés, quinze mille cartouches et cent vingt barils de poudre, et, pour le cas où les munitions seraient épuisées, et où les assaillants s'approcheraient assez pour n'être plus atteints par le canon, on avait versé sur les tours plusieurs charretées de vieux pavés, de vieux ferrements, boulets, chenets, etc.

Dès la veille, on avait placé des sentinelles dans tous les endroits jusqu'alors négligés, et envoyé douze hommes sur les tours pour observer les mouvements du dehors. Ces dispositions, très convenables sous le rapport militaire, suppléaient jusqu'à un certain point à la négligence du ministère.

Au bruit de la fusillade de l'intérieur, la fureur de la multitude redouble ; on crie : « Il a reçu nos parlementaires pour les massacrer ! A la trahison ! Au meurtre ! » Pendant que beaucoup d'hommes se sont portés sur les derrières de la forteresse et y mettent le feu au moyen de plusieurs voitures de paille amenées jusque-là, incendiant le corps de garde avancé, l'habitation du gouverneur et les cuisines, la présence de trois compagnies de gardes françaises qui arrivent dans l'avant-cour avec un mortier, avec deux pièces de quatre et un canon d'argent enlevé au Garde-Meuble, intimide la garnison, qui néanmoins fait résistance.

Après quatre heures d'alternative dans l'agression ou la défense, un papier sort d'un créneau au moyen d'une longue planche posée sur le bord d'un fossé ; un citoyen ne craint pas d'aller le ramasser. L'écrit porte : *Nous avons vingt milliers de poudre, nous ferons sauter la garnison et tout le quartier, si vous n'acceptez pas la capitulation.*

— « Nous l'acceptons, foi d'officier, dit un bourgeois nommé Élie, baissez vos ponts. » Les ponts se baissent ; en un instant la foule inonde les cours. On saisit le gouverneur, on l'entraîne vers la Grève ; on l'égorge pendant que le major de la Bastille, de Losme Soibray, homme vertueux, humain, aussi chéri des prisonniers que Launay en était redouté, conduit aussi à l'hôtel de ville, est enlevé à ses gardes et massacré. Les deux têtes, montées sur des piques, sont portées dans les rues. On trouve une centaine de morts parmi les assaillants. Du côté de la garnison, outre le gouverneur et le major, l'aide-major, deux lieutenants et trois invalides ont péri sous les coups des assassins. (L'abbé de Mont-Gaillard, *Hist. de France*, t. 2, p. 72 et suiv.)

Ainsi, d'après l'abbé de Mont-Gaillard qui était contemporain des évènements qu'il raconte, ce serait Losme de Soibray, major de la garnison, et non le commandant des canonniers de la forteresse, qui fut décapité avec de Launay, et dont la tête fut promenée dans Paris au bout d'une pique, comme celle du gouverneur. Le récit de Martin est néanmoins très vraisemblable, car le peuple en fureur dut vouloir surtout se venger du commandant de l'artillerie qui avait fait tirer sur lui les canons du fort.

NOTE D, pages 43 et 44.

Foulon fut arrêté non loin de Fontainebleau, à Viry, où Martin avait si agréablement passé trois jours dans la maison de campagne de Lemire. On raconte qu'il avait proposé à Louis XVI de faire arrêter, juger et exécuter dans le plus bref délai le duc d'Orléans, Mirabeau et plusieurs autres députés. Il insistait fortement pour que le Roi n'éloignât pas les troupes de Paris. Il lui avait présenté deux mémoires, dans lesquels il insistait sur la nécessité de ces mesures. Les deux mémoires furent lus à Versailles, en présence de Louis de Narbonne, qui les communiqua à Mme de Staël, laquelle en informa Necker, son père, et Mirabeau.

La connaissance des projets de Foulon dut profondément irriter le duc d'Orléans et les hommes de son parti. On peut donc présumer qu'ils ont été les instigateurs du double assassinat de l'ancien ministre de Louis XVI et de son gendre, Berthier de Sauvigny, intendant de la généralité de Paris. Plusieurs circonstances touchant l'arrestation et les souffrances de Foulon et de Berthier ne permettent pas de douter que ces meurtres n'aient été préparés, soit par des personnes intéressées à faire disparaître, sans être entendus, ces deux hommes que la rumeur publique accusait de nombreuses malversations ou bien par des factieux, empressés de fomenter des troubles, dans l'espoir d'en tirer avantage et de rendre la révolution odieuse en la souillant de sang dès le début. Ce qui semblerait l'indiquer, c'est le respect des meurtriers pour les effets de leurs victimes ; c'est d'avoir laissé ou rendu ce qu'on trouva de précieux sur elles.

Le grenadier des gardes françaises, ce vainqueur de la Bastille, qui ouvrit à coups de sabre l'estomac de Berthier et en arracha le cœur, présenta son horrible trophée à Bailly et à Lafayette, maîtres, ou plutôt esclaves du peuple, qui avait nommé le premier maire de Paris, et le second commandant de la garde nationale. Il vint au Palais-Royal à la chûte du jour, entra dans le café Foi, s'assit à une table avec les cinq ou six cannibales dont il était le chef et demanda du café. On leur en servit.

« Pourrons-nous, s'écrie l'historien qui a été presque le témoin de l'horrible fait qu'il raconte, pourrons-nous rapporter ce que le maître du café nous confirma sur les dix heures du soir ? Il faut s'y résoudre, de quelque horreur qu'un pareil souvenir vienne glacer nos sens. Le monstre soldat détache le cœur de M. Berthier de la bayonnette où il était fiché, le presse fortement entre ses mains, en exprime quelques gouttes de sang, les répand dans les tasses de café ; en même temps la bande infernale porte le breuvage à ses lèvres et entonne l'ariette :

« *Non, il n'est pas de bonne fête*
« *Quand le cœur n'en est pas.* »

« Nous haïssons de toute la force de notre âme le despotisme des rois ; mais nous abhorrons, nous exécrons, nous dévouons aux dieux infernaux la férocité du peuple » (Voir l'*Histoire de France depuis l'Assemblée nationale, etc.*, t. 2, p. 105 et 106, par l'abbé de Mont-Gaillard.)

NOTE E, page 45.

Il est certain que les courtisans qui formaient l'entourage de Marie-Antoinette, intéressés à la conservation des abus, s'étaient opposés de tout leur pouvoir à la convocation des Etats-Généraux, et ne cessaient de travailler à leur dissolution, qu'ils espéraient obtenir de la faiblesse de Louis XVI. Le duc d'Orléans, en se déclarant le partisan le plus résolu de leur assemblée, était d'accord avec l'opinion publique, en même temps qu'il se vengeait de la Reine et de son entourage dont il avait de graves motifs de se plaindre. Les preuves de la malveillance de la cour et de la Reine à son égard étaient évidentes. On avait cherché d'accréditer par des pamphlets, par des couplets les plus outrageants et les sarcasmes les plus injurieux qu'il s'était lâchement conduit, le 27 juillet 1788, au combat naval d'Ouessant, où il servait comme volontaire, tandis qu'il y avait fait preuve d'une grande bravoure ; on l'avait obligé de renoncer à la reversion de la charge de grand-amiral, pour en investir un des fils du comte d'Artois, frère de Louis XVI, et par un échange forcé qui était une sorte d'insulte, après tous les brocards des courtisans, à son retour de Brest, on le nomma colonel-général des hussards. On l'avait contraint de céder à la Reine le château de St-Cloud, et l'on avait rompu les préliminaires du mariage de sa fille avec le duc d'Angoulême, neveu du Roi. Tels étaient les motifs qui portèrent Philippe d'Orléans à s'éloigner de la cour, à poursuivre Marie-Antoinette d'une haine implacable qu'il cherchait à satisfaire par tous les moyens.

Le 3 mai 1789, avant l'ouverture des Etats-Généraux, une procession solennelle eût lieu à Versailles. On cria, sur le passage de la Reine : Vive le duc d'Orléans ! Elle fut au moment de s'évanouir. Lorsque Louis XVI parut, on garda le plus profond silence ; mais des huées se firent entendre sur le passage de Marie-Antoinette. On remarqua particulièrement l'affectation avec laquelle le duc d'Orléans saluait le peuple. Il paraissait triompher du monarque. La duchesse d'Orléans, sa femme, parut enivrée des acclamations que lui prodiguait la multitude, et sa contenance avait l'air de braver la Reine.

La haine et la vengeance du duc d'Orléans

contre Marie-Antoinette, à laquelle il attribuait sa disgrâce, explique, sans l'excuser, l'inconvenance de sa conduite à la procession des Etats-Généraux. Toutefois, il est difficile d'admettre, quoiqu'il ne les ait jamais démentis, qu'il fut l'auteur des bruits infâmes, absurdes ou ridicules qui couraient alors dans le peuple sur le compte de la Reine et dont le trop crédule Martin se fait l'écho dans son manuscrit.

NOTE G, page 49.

Parmi les Avignonais que Martin voyait à Paris, il y en eut plusieurs qui jouèrent un rôle marquant dans l'histoire de la révolution de leur ville natale, notamment Vinay et le fils Niel.

Gabriel Vinay fut nommé, après le renversement du Consulat, substitut du procureur de la Commune dans la première municipalité constituée à l'instar de celles de France. Il exerçait ces fonctions municipales en 1790, pendant les troubles sanglants suscités par l'inconciliable hostilité qui divisait les partisans du gouvernement papal et ceux de la Révolution française. La victoire de ces derniers fut suivie de la pendaison du marquis de Rochegude, du comte d'Aulan, de l'abbé Auffray et du taffetassier Aubert, dit *Chichourle*. L'intervention du maire d'Orange, M. d'Aymard, arrêta le cours de ces horribles exécutions faites sans jugement, et sauva certainement la vie à plus de trente autres victimes.

Lorsque, le 12 juin, l'ordre et la tranquillité furent rétablis dans Avignon par les gardes nationales de France, accourues au secours de la milice avignonaise, leur affiliée, les districts d'Avignon, étant assemblés, proclamèrent la déchéance du gouvernement papal et la réunion de leur ville à la France. En conformité de leur délibération, la municipalité s'empressa d'envoyer une députation à Paris auprès de l'Assemblée nationale et du Roi, pour solliciter le décret qui devait prononcer cette réunion.

Comme l'avocat Tissot, procureur de la Commune, était au nombre des députés, son substitut Gabriel Vinay le remplaça dans les évènements révolutionnaires qui agitèrent Avignon, avant et après l'arrivée des commissaires conciliateur, envoyés par le gouvernement français pour pacifier l'ancienne cité papale et le Comtat-Venaissin, en proie à toutes les horreurs de la guerre civile.

Quant au fils Niel, pendant qu'il habitait Paris, où il était allé se perfectionner dans l'état d'imprimeur qu'exerçait son père, il avait eu l'occasion de faire la connaissance de l'abbé Mulot, l'un des trois commissaires conciliateurs, dont il s'attira l'amitié, quoique fort jeune, par ses goûts artistiques et l'amabilité de son caractère. L'abbé Mulot fut très heureux de retrouver à Avignon ce charmant jeune homme, qui servit de lien dans ses rapports amicaux avec la famille Niel. Lorsque, par suite des troubles du 21 août 1791, les frères Duprat, Minvielle et les autres chefs du parti ultra-révolutionnaire, eurent renversé la municipalité dont faisait partie Gabriel Vinay, comme substitut du procureur de la Commune, et le père du jeune Niel, en qualité d'officier municipal ; lorsque les chefs du parti vainqueur eurent fait emprisonner ou forcé de s'expatrier les principaux membres de cette municipalité, ils la remplacèrent par un comité formé de six ou sept notables. Au nombre des proscrits fugitifs se trouvait le père Niel. Sa femme et son fils, comptant sur la protection de l'abbé Mulot, continuèrent d'habiter Avignon. Malheureusement ce médiateur, ses deux collègues, Le Senne Desmaisons et Verninac Saint-Maur, étant allés à Paris, se trouva seul exposé à la haine et à la vengeance des ultra-révolutionnaires, qui l'accusaient de vouloir relever la municipalité qu'ils avaient renversée.

L'abbé Mulot, voyant son autorité méconnue, sortit d'Avignon et se retira à Courthézon, ville française du voisinage. Mais il continua d'être en correspondance avec Mme Niel et son fils. Duprat l'aîné et consorts se saisirent de leurs lettres, firent d'abord emprisonner le fils Niel et peu de temps après sa mère.

Ils étaient tous les deux dans les prisons du Palais la nuit du 16 au 17 octobre, et l'on peut affirmer, sans crainte d'être démenti, que l'attachement que leur avait témoigné l'abbé Mulot, fut la cause de leur massacre pendant cette affreuse nuit, qui ne devait avoir d'égales en horreur que celles des massacres de septembre.

NOTE G, page 49.

On peut voir dans les vitrines du Musée-Calvet un magnifique volume grand in-8° richement relié en maroquin rouge, aux armes de France. Ce livre est intitulé : *Office de la Semaine Sainte, à l'usage de Rome et de Paris* (1). On y peut voir aussi, tout à côté, une petite bonbonnière, dont l'intérieur porte encore des restes de dorure représentant des rayons qu'on présume être ceux d'un soleil, que l'usage prolongé de la bonbonnière aurait fait disparaître, et qui ne serait autre que la célèbre devise de Louis XIV. Sur le couvercle de la boîte, qu'on peut également supposer avoir été une tabatière, se trouve une inscription en relief couverte d'un verre, à travers lequel on lit distinctement en carac-

(1) Paris, Jacques Colombat, 1732.

tères formés de petits brillants aglomérés ou de paillettes métalliques : *Domine, Salvos fac Regem et Reginam.*

Le 26 juin 1861, M. Jules Courtet, l'auteur du *Dictionnaire des Communes du département de Vaucluse*, donna ces deux objets précieux au Musée-Calvet, dont il était alors un des administrateurs, en déclarant leur provenance. Il fit consigner dans les registres des dons, par M. Deloye, le savant conservateur du Musée, que le livre et la bonbonnière avaient appartenu à M. Diet, valet de chambre de Louis XVI, massacré sur le seuil de l'appartement du Roi, dans la journée du 10 août, et qu'ils avaient été donnés à Mme Courtet, sa mère, par la veuve de M. Diet.

Le même administrateur du Musée-Calvet fit également consigner que la bonbonnière avait été donnée à M. Diet par Marie-Antoinette.

Nous croyons devoir ajouter à ces renseiseignements historiques incontestables que, lorsque nous avions l'honneur d'être, avec M. Jules Courtet, l'un des membres de l'administration de notre beau Musée, il nous semble avoir entendu dire à notre regretté collègue que M. Diet était originaire de L'Isle. Or, comme la ville de L'Isle était en 89 le chef-lieu de l'une des trois judicatures du Comtat-Venaissin, et que les Comtadins, de même que les Avignonais, quoique sujets du Pape, jouissaient en France, depuis François Iᵉʳ, de tous les privilèges de regnicoles ; il n'y aurait pas lieu de s'étonner que le valet de chambre de Louis XVI fût originaire du Comtat (1).

NOTE·

A AJOUTER A L'INTRODUCTION

Malgré le désir que nous avons, de compléter le peu de renseignements que nous a fourni sur Martin le livre journal de son voyage à Paris en 1789, il nous a été impossible de le faire. Nous avons consulté les registres de l'état-civil, ceux des quatre paroisses d'Avignon, les répertoires de plusieurs notaires ; nous avons lu d'un bout à l'autre le manuscrit de la bibliothèque du Musée Calvet contenant la nomenclature des noms des rues et des propriétaires des maisons d'Avignon faite en 1795, et, parmi les quinze propriétaires que nous avons trouvés portant le nom de Martin, aucun n'est qualifié de fabricant ou faiseur de bas.

A la vérité, l'acte mortuaire, qui nous a été communiqué à la Mairie, du nommé François-Joseph Martin, natif de Marseille, lui donne la qualité de bourgeois, qualité qui peut con-

---

(1) Voir le chapitre 1ᵉʳ, t. 1, p. 11 de notre *Histoire des réunions temporaires d'Avignon et du Comtat Venaissin à la France.*

— 87 —

venir à notre faiseur de bas, eu égard à son état de fortune, mais son âge ne nous paraît pas concorder avec celui de ce dernier, puisque l'acte de décès de Joseph-François Martin, porte qu'il serait mort à Avignon le 24 septembre 1805, âgé de 76 ans ; et qu'il aurait eu 60 ans en 1789, lors de son voyage à Paris.

La chose ne serait pas absolument impossible ; mais il n'est pas probable qu'un homme de 60 ans ait entrepris un aussi long voyage.

D'autre part, le faiseur de bas n'était pas marié en 1789 et n'avait de proche parent qu'une sœur, avec laquelle il était en correspondance, tandis que François-Joseph Martin était père de famille, puisque nous avons trouvé parmi les actes de mariage de la paroisse de St-Symphorien en 1807, celui de Jean-Baptiste Martin, fils majeur de Joseph-François Martin et de Anne-Catherine Robert, qui, selon l'acte de décès, était l'épouse de ce dernier.

Nous sommes donc au regret de ne pouvoir donner aucune notion sur la vie et la famille de l'auteur d'un manuscrit si curieux et si intéressant par le récit des évènements révolutionnaires qui se passaient à Paris en 1789 pendant le séjour du « faiseur de bas » d'Avignon dans la capitale.

FIN DES PIÈCES JUSTIFICATIVES

TABLE DES MATIÈRES

Introduction au livre-journal de Martin, par l'auteur de l'*Histoire des réunions temporaires d'Avignon et du Comtat Venaissin à la France*. Pages, 1, 2, 3, 4, 5.

Commissions dont se charge Martin avant son départ d'Avignon pour Paris. — Ses deux bagues et la somme en or qu'il porte avec lui. — Date de son départ. Page, 7.

Villes et bourgs qu'il traverse. — Note de ses frais de nourriture et de couchage. — Arrivée de Martin à Paris. — Ce qu'il paye pour ses frais de voiture. — Hôtel où il va loger. — Son abonnement pour s'asseoir au Palais-Royal. Page 9.

Sa visite à l'abbé Froment, curé d'une paroisse de Paris. Sa visite à M. Franque. — Son diner chez l'abbé Froment. — Son déjeûner chez l'abbé Cappeau. — Demeure de son ami Reboul, de Villeneuve. Pages 10 et 11.

Comment il s'acquitte de la commission dont l'a chargé le doyen du chapitre de St-Pierre. Page 10.

Son abonnement aux bals du Ranelach. Page 12.

Il visite le jardin de M. de Marbeuf et en fait la description. — Comment il va aux *Italiens* dans la loge de M. de Marbeuf. Page 13.

Diner en plein vent aux Champs-Élysées donné par Reboul à dix-neuf personnes. — Convives et prix du diner. Page 14.

Visite de Martin au jardin du Roi. — Son diner chez M. Raby de Moreau. Page 15.

Comment Martin va à Viry, maison de campagne de M. Lemire. — Description de cette belle maison de campagne. Pages 16 et 17.

Ce qu'il dit de la célèbre journée du 20 Juin. Pages 18 et 19.

Comment fut traité au Palais-Royal le secrétaire de l'ambassadeur de Vienne pour ses mauvais propos sur les députés des communes. — Coups de poings échangés au Palais-Royal au sujet de M. Necker. Page 19.

Paroles de Necker au Roi, en lui offrant sa démission, que le Roi refuse. — Réunion du Clergé au Tiers-État malgré l'opposition de la noblesse et des courtisans. — Réunion au Tiers-État de la noblesse du Dauphiné. Page 20.

Assemblée des communes dans l'église St-Louis. — Duel du prince de Foix avec le prince de Lambesc. — Réunion aux communes de la minorité du Clergé et de la majorité de la noblesse. Page 21.

Avec quelles personnes Martin assiste aux deux pièces qu'on joue à l'Ambigu-Comique. Page 23.

Départ de Necker dans la nuit du 12 Juillet. — Hussard tué par un soldat du guet. — Le prince de Lambesc fend la tête à un vieillard. — Les dragons et les soldats du régiment Royal-Allemand attaquent le peuple. Page 24.

Comment Martin raconte la prise de la Bastille ; le supplice du gouverneur de Launay et de Flesselles. — Comment la tête de Miret, d'Avignon, fut portée au haut d'une pique avec celle du gouverneur. Pages 25, 26 et 27.

Promenade triomphale du garde française qui avait saisi M. de Launay. — Arrestation d'un espion d'une femme chargée de lettres et du courrier de la Reine. Page 27.

Arrestation de Labarté, banqueroutier de Bordeaux. Pages 27 et 28.

Arrivée à Paris de 160 députés pour annoncer la paix de la part du Roi. Ce que dit Lafayette à l'hôtel de ville. — Les électeurs envoient trois hommes à cheval au Palais-Royal pour annoncer l'arrivée du Roi et recommander de ne pas quitter les armes. Page 28.

Nouveau récit par Martin des événements du 14 Juillet. — Comment Leroux s'empara de 20 canons dans une fonderie. — Endroits où il les mit en batterie. — Arrestation qu'il fit de trois officiers des gardes françaises sans uniforme et sans cocarde. Pages 29 et 30.

Ordre donné le 13 Juillet à tous les citoyens de chaque district, de se rendre aux endroits désignés et de s'y faire inscrire pour former une garde bourgeoise. — Ordre d'arborer une cocarde verte et blanche qui fut bientôt remplacée par une cocarde rouge et bleue. — Motif de ce changement. — Composition des patrouilles. — Ordre aux chevaliers de St-Louis de remplacer leur cocarde noire par celle de couleur rouge et bleue. — 40.000 hommes de troupes réglées sont rassemblés pour réduire Paris et le Tiers-État. — Mesures militaires pour empêcher les communications avec Versailles. Page 31.

Indécision de Louis XVI. — Ce qui arriva au prince de Montbarrey qui se trouvait dans Paris. Page 32.

Noms des personnages qui annoncèrent au Roi ce qui se passait à Paris. — Noms de ceux qui lui avaient donné des conseils violents. — Le départ du Roi de Versailles et son arrivée à Paris. — Il s'avance au petit milieu de la milice portant toutes sortes d'armes et formant la haie jusqu'à l'hôtel de ville de Paris. — Comment les gardes du corps furent remplacés par une compagnie de milice à cheval. — Ce qui ce passa entre le chevalier de Sandrais et Leroux, commandant de la milice à cheval. Page 34.

On criait : Vive la Nation ! sur le passage du Roi. — Arrivée du Roi à l'hôtel de ville. — Bailly lui présente la cocarde rouge et bleue. — Le Roi l'ayant mise à son chapeau, les cris de Vive le Roi ! remplacent ceux de Vive la Nation. — Rappel de Necker. — Noms des personnages qui partirent ou furent exilés. Page 35.

Noms des membres de l'ancien ministère. — Faux bruit de la mort de Foulon, l'un d'eux. Page 36.

Nouveaux détails sur les évènements de Paris du 13 et 14 Juillet. — Martin répète qu'on coupe la tête à Miret, commandant des canonniers de la Bastille — Il raconte comment le sous-gouverneur M. du Pujet sauva la sienne par un stratagème. Page 37.

Comment M. de Liancourt dévoila au Roi la vérité sur les évènements de Paris qu'il ignorait. — Paroles adressées par Louis XVI à l'Assemblée nationale où il s'est rendu sans escorte. — Il est accompagné de Monsieur et du comte d'Artois. — Impopularité de ce dernier. — Graves accusations de Martin contre ce frère du Roi. Page 38.

Le Roi se retire accompagné par l'Assemblée nationale, aux acclamations d'un peuple immense. — Les cris de Vive le Roi ! redoublent quand il se montre. Page 39.

Nomination par l'Assemblée nationale d'une députation pour porter à Paris les paroles du Roi. — Longue durée de la séance de l'Assemblée. — Nomination de

Lafayette comme colonel général de la milice bourgeoise.—Nomination de Bailly comme maire de Paris. Page 40.

L'Assemblée invite Lally-Tollendal à répéter le discours qu'il a prononcé à l'hôtel de ville, de Paris. — Projet d'Adresse au Roi rédigé par Mirabeau. — Reprise de cette motion par Barnave. — Nouveau récit par Martin avec quelques variantes du départ du Roi de Versailles et de son entrée dans Paris. — Réception du Roi par le corps municipal à l'entrée de la ville. — Discours que lui adresse Bailly, maire de Paris. — Acceptation par le Roi à l'hôtel de ville d'une cocarde rouge et bleue. — Paroles que lui adresse Moreau de Saint-Méry. Page 41.

Monument voté par Ethis en l'honneur de Louis XVI. — Inscription de l'hôtel de ville. Page 42.

Discours de Lally-Tolendal. — Augmentation de la joie publique par la nouvelle du départ de plusieurs hauts personnages. — Horrible assassinat de Foulon et de Berthier de Sauvigny. Page 43.

Arrivée de Necker à Versailles. — Réception triomphale qu'on lui fait à Paris. — Illumination générale à l'hôtel de ville et au Palais-Royal, le 29 et 30 Juillet. Page 44.

Refus des soixante districts d'approuver la délibération des électeurs qui avaient accordé, à la demande de Necker, la grâce de 60 proscrits fugitifs, et une amnistie générale. Page 45.

Comment le duc d'Orléans fait à la Reine, la visite qu'elle lui avait demandée. — Étonnement de Marie-Antoinette en voyant que le Roi l'accompagne. — Bruits absurdes sur le compte de la Reine, auxquels Martin semble ajouter foi. Pages 45 et 46.

Fausse nouvelle de la décollation du maréchal de Broglie. — Ce qu'on dit du maréchal de Mailly, de M. de Montesson, du comte d'Artois, des princes de Conti, de Condé et du duc de Bourbon. — Plus de cent personnes tuées répandues dans les blés à Monceaux. — On leur payait leur journée. — Arrestation de quelques-uns de ceux qui payaient. Page 46.

Décapitation du maire de St-Denis. — Licenciement des gardes françaises. — Récit de la mauvaise réception qu'on aurait faite à Londres à MM. de Luxembourg, d'Espréménil et à l'abbé Maury. — Vingt-deux articles de la constitution envoyés à Paris par l'Assemblée nationale. Page 47.

Voyage de Martin à Versailles avec Vinay et Gauger. — Ils trouvent Niel fils sur la terrasse du Château. — Comment ils peuvent, tous les quatre, assister au jeu de la Reine. — Lettre de recommandation remise par Martin à M. Diet, valet de chambre de Louis XVI. — Ses observations sur les meubles précieux que ce dernier leur fait voir. Page 49.

Le jeu de la Reine et celui de Madame Elisabeth. — Portrait que fait Martin de Marie Antoinette. Page 50.

Comment le fils de Bignan, député fait assister Martin, Gauger et Vinay à une séance de l'Assemblée nationale. — Lecture par Mirabeau de la *déclaration des droits de l'homme*. — Lecture par Bergass du plan qu'on veut adopter pour la justice civile et criminelle. Page 51.

Ce que décide l'Assemblée sur la noblesse de Bretagne qu'on accusait d'émigration. Page 52.

Diner de Martin chez M. Diet ; nombre et nom des convives. — Comment il toucha respectueusement les habits que devait prendre le Roi à son retour de la chasse. — Meubles précieux qui se trouvaient dans la chambre de Louis XVI. — Martin visite l'œil de Bœuf, la principale galerie du Palais et la salle de spectacle. Page 53.

Conflit entre les dragons requis par la municipalité et la milice citoyenne de Versailles qui veut les empêcher d'entrer dans la ville. — Comment l'accord fut rétabli, entre les dragons et la milice Versaillaise. Page 54, 55.

Comment le faiseur de bas d'Avignon assiste à une seconde séance de l'Assemblée nationale. — Son compte rendu de cette séance. — Il va avec son ami Vinay diner chez M. Dumignau d'Avignon. — Son enthousiasme d'artiste pour la famille Dumignau dont tous les membres sont musiciens. Page 56, 57, 58.

Visite de Martin au peintre Bose. — Il admire les portraits de Mirabeau fait en une seule séance et les dessins de la fille de Bose, âgée de 12 ans. Page 58, 59.

Départ de Martin de Versailles et son arrivée à Paris. — Note de ses dépenses pour ce voyage. Page 59, 60.

Concert au Palais Royal. — Ce qui arrive à un avocat, rayé du tableau, qui s'est fait journaliste. — Concert aux Tuileries, auquel assiste Martin comme a celui du Palais Royal. Page 61, 62.

Rareté et mauvaise qualité du pain. — Farine jetée à la halle, pour avoir occasionné des maux d'estomac. — Difficuté de s'approvisionner de pain chez les boulangers : — Ce qui se passe Palais Royal. — Comment des individus échappèrent à une patrouille qui voulait les arrêter au café de Foy. — Arrestation du marquis de Ste-Heureuse (Ste-Hururge). — Martin visite les serres-chaudes du jardinier du Roi. Page 62, 63, 64.

Départ de Martin de Paris par la diligence. Page 65.

Bourgs et villes qu'il traverse. — Son départ de Lyon par une autre diligence pour Avignon. — Il paye sa place d'avance comme il avait fait à Paris. — Il dine dans la diligence après avoir quitté Valence. — Il s'arrête quelques heures au Pont-St-Esprit, et arrive à Avignon à 10 heures du soir. — Sa dépense depuis son départ d'Avignon pour Paris jusqu'à son retour. Page 66.

FIN DE LA TABLE DES MATIÈRES

OUVRAGES

DU MÊME AUTEUR

Histoire de la Réforme et des Réformateurs de Genève, suivie de la lettre du Cardinal Sadolet aux Genevois pour les ramener à la religion catholique et de la Réponse de Calvin. Un Vol grand in-8° de près de 700 pages. . . . . 10 fr.

Traité d'Éducation du Cardinal Sadolet, traduit pour la première fois, et précédé de la vie de l'auteur. Un volume in-8°, prix. . 6 fr.

L'Attaque et la Défense de la Philosophie, par le Cardinal Sadolet, première traduction française précédée d'une étude sur cet ouvrage. Un volume format Charpentier, prix . . . . 3 fr. 50

Histoire des Réunions temporaires d'Avignon et du Comtat Venaissin à la France. Deux volumes grand in-8°, prix. . . . . 15 fr.

AVIGNON. — IMPRIMERIE H. GUIGOU.

www.ingramcontent.com/pod-product-compliance
Lightning Source LLC
LaVergne TN
LVHW050631090426
835512LV00007B/792